Gerhard Roth (Hg.)

Zukunft des Lernens

Gerhard Roth (Hg.)

Zukunft des Lernens

Neurobiologie und Neue Medien

Ferdinand Schöningh

Umschlagabbildung:
Fotolia, #69442433 – Neurons in the brain

Bibliografische Information der Deutschen Nationalbibliothek

Die Deutsche Nationalbibliothek verzeichnet diese Publikation in der Deutschen Nationalbibliografie; detaillierte bibliografische Daten sind im Internet über http://dnb.d-nb.de abrufbar.

(Verlag Ferdinand Schöningh GmbH & Co. KG, Jühenplatz 1, D-33098 Paderborn)

Internet: www.schoeningh.de

Einbandgestaltung: Anna Braungart, Tübingen
Printed in Germany
Herstellung: Ferdinand Schöningh GmbH & Co. KG, Paderborn

ISBN 978-3-506-77985-4

Inhaltsverzeichnis

Vorwort

Dieses Buch bietet in seinen elf Beiträgen unterschiedliche Zugänge zu der Frage, wie die Zukunft des Lernens gestaltet werden soll. Dabei stehen neben grundlegenden Fragestellungen auch die Möglichkeiten und Grenzen neuer, digitaler Technologien und Medien im Fokus der Betrachtung. Pädagogische Fachkräfte und Eltern sollen hier Anregungen und Hilfestellungen finden, indem praxisorientierte Aufsätze von ausgewiesenen Experten Ratschläge für den Lernalltag beinhalten und zur Reflexion anregen. Die Texte sind auch für Nicht-Fachleute verständlich und wenden sich an ein breites Publikum. Der Sammelband ist die Dokumentation der Vortragsreihe „Zukunft des Lernens", die von September 2011 bis Juli 2012 im größten Computermuseum der Welt, dem Heinz Nixdorf MuseumsForum in Paderborn, stattfand.

Einen ersten Überblick über die Thematik gibt *Klaus Hurrelmann*, der innerhalb seines Konzepts des lebenslangen Lernens alle Lernenden auffordert, „Bildungsmanager in eigener Sache" zu werden und sich auf weiter steigende Qualifikationsansprüche einzustellen. Die dafür notwendigen Veränderungsprozesse werden von ihm eingehend analysiert.

Was guten Schulunterricht auszeichnet, ist das Thema von *Rainer Dollase*. Dabei weist Dollase nach, dass es nicht die eine richtige Methode des Unterrichtens gibt, sondern dass es um die Frage der Umsetzung des einzelnen Lehrers in der jeweiligen Klasse geht. Es gibt guten und schlechten Frontalunterricht, gutes und schlechtes Lernen. Eine bedeutsame Voraussetzung für guten Unterricht ist die Führung der Klasse durch den Lehrer („classroom management").

Welche Erwartungen haben Lehrkräfte und Schulleiter an Schülerlabore, und welche Erfahrungen haben sie dort gemacht? Dieser Frage geht *Bernd Ralle* nach, der auf Grundlage einer empirischen Studie die Effizienz von Schülerlaborbesuchen untersucht. Dabei wird deutlich, wie schwierig die Bestimmung des Erfolgs eines solchen Besuchs ist, denn er ist, bezogen auf einzelne Schüler und Schulklassen, in der Regel sporadisch und unregelmäßig. Eine sorgfältige Vor- und Nachbereitung des Schülerlaborbesuchs im Unterricht ist eine wichtige Voraussetzung für einen nachhaltigen Lernerfolg solcher Maßnahmen.

Mit der Frage, wie Kinder das Lesen, Schreiben und Rechnen lernen, befasst sich *Marcus Hasselhorn*. Er skizziert sowohl die Voraussetzungen, die für erfolgreiches Lernen erforderlich sind, als auch neue diagnostische Verfahren, welche Pädagogen bei ihrer Arbeit unterstützen. Geeignete Förderinstrumente werden ebenfalls vorgestellt, um zukünftig zu verhindern, dass weiterhin mehr als 20 Prozent der Grundschulkinder sprachliche und mathematische Defizite aufweisen.

Im Beitrag von *Andreas Gold* wird der viel diskutierten Frage nach Gleichheit oder Gerechtigkeit in Lernprozessen nachgegangen. Gold postuliert, dass Kinder eine Lernförderung erfahren sollen, die sich an ihren Bedürfnissen und Voraussetzungen orientiert.

Bardo Herzig und *Alexander Martin* untersuchen das Lernen mithilfe digitaler Medien in unterschiedlichen Lernkontexten. Anhand verschiedener Beispiele wird insbesondere die zunehmende Nutzung digitaler Medien im Alltags- und Berufsleben in Hinblick auf veränderte Lernprozesse thematisiert.

Heike Schaumburg hat eine umfassende empirische Studie über das Lernen mit Laptops durchgeführt. Über 300 niedersächsische Schulen waren an ihrem Projekt „mobiles lernen-21: Notebooks für Nieders@chsen" beteiligt. In ihrem Aufsatz stellt sie Ergebnisse dieser Studie vor. Sie gelangt zu dem Ergebnis, dass Laptops nicht automatisch den Lernerfolg beflügeln, sondern dass dieser Erfolg in erster Linie von der fachlich-technischen und didaktischen Kompetenz der Lehrerinnen und Lehrer abhängt.

Wie sehr es auf den Lehrer ankommt, macht auch der Hirnforscher *Gerhard Roth* deutlich. Schule als Ort der Wissensvermittlung und Persönlichkeitsbildung benötigt für den Lernerfolg unbedingt gut ausgebildete und motivierte Lehrkräfte, die über fachliche Kompetenz, Feinfühligkeit und Glaubwürdigkeit verfügen. Dabei kann die Neurobiologie mithelfen, die dem Lernen zugrunde liegenden kognitiven und emotional-motivationalen Prozessen zu verdeutlichen und verschiedene Lernkonzepte wissenschaftlich zu bewerten.

Johannes Magenheim befasst sich mit Diensten und Angeboten des Web 2.0 und untersucht die Möglichkeiten, die diese Technologien für den schulischen Einsatz bieten. Web 2.0 könnte für Lernprozesse bedeutungsvoll sein, weil sich bei den digitalen Medien der Nutzungscharakter vom Konsumenten zum Produzenten hin verändert. Zahlreiche Anwendungsmöglichkeiten zeigen auf, wie der Schulunterricht davon profitieren kann.

Dominik Becker, Wilfried Bos, Jasmin Schwanenberg und *Rolf Strietholt* führen das empirische Forschungsprojekt „Ganz In – Mit Ganztag mehr Zukunft. Das neue Ganztagsgymnasium NRW" durch und stellen hier das Forschungsdesign und erste Untersuchungsergebnisse vor. Einundreißig nordrhein-westfälische Gymnasien werden dabei auf ihrem Weg in den gebundenen Ganztag wissenschaftlich begleitet. Dabei war und ist es das Ziel, durch diese Studie die Schulen in ihrer Arbeit zu stärken, Schülerinnen und Schülern mit ungünstigeren sozialen Voraussetzungen zu höheren Schulabschlüssen zu führen.

Den Abschluss des Bandes bildet der Ausblick von *Hermann Maurer* auf das Veränderungspotenzial digitaler Technologien. Bevor er diesen Blick in die Zukunft wirft, reflektiert er unter Zuhilfenahme zahlreicher Beispiele die grundsätzlichen Schwierigkeiten, mit denen man es bei Voraussagen zu tun hat. Er stellt die Frage, inwieweit sich die momentane inhaltliche Ausrichtung des schulischen Lernstoffs auch in der Zukunft bewähren wird. Die stetige

Zunahme an verfügbaren Informationen und Wissen stellt auch die Schule vor neue Herausforderungen.

Wir wünschen den Lesern eine lohnende Lektüre mit vielen hilfreichen Ideen und Denkanstößen.

Im Oktober 2014

Gerhard Roth
(Bremen)

KLAUS HURRELMANN

Auf dem Wege zum selbstständigen „Lernunternehmer“ – Herausforderungen an die Entwicklung des Bildungssystems in Deutschland

Dieser Beitrag geht von der Prämisse aus, den beruflichen Anforderungen an ein hohes Ausmaß von Selbstmanagement der eigenen Handlungskompetenzen, verbunden mit dem Trend zum „Arbeitskraft-Unternehmer“, entspreche ein Trend zum „Lernkraft-Unternehmer“. Daraus wird die folgende These abgeleitet: In allen Stufen des Bildungssystems ergibt sich die Notwendigkeit und Chance, ein „Bildungsmanager in eigener Sache“ zu werden und angeleitetes Lernen mit Selbstlernen zu verbinden. Diese Notwendigkeit setzt ein Bildungssystem voraus, das sich am Konzept des „lebenslangen Lernens“ orientiert, ein gut aufeinander aufbauendes Programm von Bildungsangeboten über den gesamten Lebenslauf hinweg anbietet und sich der Möglichkeiten moderner interaktiver Kommunikationstechniken bedient.

Der Trend zum Arbeitskraft-Unternehmer

Die Intensivierung des globalen Waren- und Güterverkehrs und die Neuordnung der internationalen ökonomischen Wettbewerbsbedingungen führen zu einer tiefgreifenden Umstrukturierung der Erwerbsarbeit. Der Boom der digitalen Informations- und Kommunikationstechniken, vor allem die Verschmelzung von Telekommunikations- und Informationstechniken, hat stark zu einer Veränderung der Qualifikationsanforderungen am Arbeitsplatz beigetragen. Neue technische Fertigkeiten und soziale Kompetenzen sind gefragt, um mit den informationstechnischen Anforderungen umgehen zu können und die durch sie ausgelösten veränderten Arbeitsabläufe zu bewältigen.

Insgesamt sind sowohl die Qualifikationsanforderungen als auch der berufliche Qualifikationsdruck an Erwerbstätige in den hoch entwickelten Ländern deutlich angestiegen. Schon die Berufseinsteiger spüren diese Veränderungen, weil viele Schulabgänger mit einem niedrigen formalen Bildungsniveau kaum noch Chancen haben, überhaupt in den Erwerbssektor hineinzukommen. Auch Berufstätige müssen zunehmend auf eine Anpassung ihrer Handlungskompetenzen achten, um ihren Arbeitsplatz sichern zu können.

In der soziologischen Arbeitsforschung werden diese Veränderungen als Trend vom „verberuflichten Arbeitnehmer“ zum „verbetrieblichten Arbeitskraft-Unternehmer“ bezeichnet (Pongratz und Voß 2003). Mit dem Bild vom Arbeitskraft-Unternehmer ist gemeint, dass zunehmend ein individualisiertes

Qualifikationsprofil von Erwerbstätigen verlangt wird, das mit einer permanenten Anpassungsbereitschaft an veränderte Arbeitsbedingungen und mit der Bereitschaft zur Selbstkontrolle der eigenen Arbeitsleistung verbunden ist.

Pongratz und Voß sehen in dieser Entwicklung einen neuen Arbeitstypus der Erwerbstätigkeit, nämlich eine gesellschaftliche Form der Arbeitskraft, bei der Arbeitende nicht in erster Linie ihr Arbeitsvermögen im Rahmen von vorstrukturierten Arbeitsplätzen anbieten („verkaufen"), sondern sowohl innerbetrieblich als auch außerbetrieblich vorwiegend als Auftragsnehmer für im Einzelnen vereinbarte Arbeitsleistungen handeln. In vielen technischen und Dienstleistungsbranchen zeichnet sich dieser neue Leittypus der Erwerbstätigkeit bereits deutlich ab, in anderen wird die Entwicklung über kurz oder lang nachziehen.

Arbeitskraft-Unternehmer müssen den täglichen Arbeitsablauf selbstständig planen und strukturieren. Das gilt für die zeitliche ebenso wie für die räumliche Ebene, wobei in beiden Fällen ein hohes Ausmaß von Flexibilität charakteristisch ist. An welchem Ort und zu welcher Zeit die vereinbarte Arbeitsleistung erbracht wird, das liegt in der Entscheidung des Arbeitenden. Entsprechend hoch muss die Fähigkeit zur Selbstmotivation und die Bereitschaft zur fachlichen Flexibilität sein, verbunden mit einer hohen Sensibilität für sich abzeichnende Veränderungsprozesse im Arbeitsablauf, auf die mit eigener Qualifikation reagiert wird. Hierzu gehören die technischen und medialen Veränderungen am Arbeitsplatz, auf die durch eine meist eigene private technische Ausstattung mit Telefon, Mobiltelefon, Smartphone und Personal Computer reagiert wird – im Idealfall verbunden mit einer grundlegenden Medienkompetenz im Umgang mit diesen Techniken.

Arbeitskraft-Unternehmer werden gewissermaßen zu aktiven Maklern der eigenen Fähigkeiten und individuellen Qualifikationen. Die eigene Arbeitskraft wird permanent am wirtschaftlichen Nutzen und am spezifischen Bedarf des Unternehmens orientiert, zwangsläufig verbunden mit einer hohen Bereitschaft zur beruflichen Weiterbildung. Hierzu gehören die Verfügbarkeit und der Einsatz von privaten Organisations- und Kommunikationsmitteln. Typischerweise hat der Arbeitskraft-Unternehmer gegenüber dem klassischen Typus des abhängig Erwerbstätigen viel größere zeitliche und räumliche Freiräume und ein deutlich höheres Ausmaß von Autonomie in der Gestaltung seiner Arbeitsabläufe, er sieht sich allerdings durch die starke Selbstrationalisierung einem hohen Leistungsdruck ausgesetzt und ist gezwungen, die Fähigkeit des selbstorganisierten Arbeitens und Lernens in den Vordergrund seiner Lebensexistenz zu rücken.

Soll dieser Balanceakt gelingen, ist eine stabile körperliche und psychische Konstitution Voraussetzung. Das gilt erst recht dann, wenn durch ungünstige Entwicklungen zwischen vorübergehender Erwerbstätigkeit, beruflichen Weiterbildungsphasen und drohender oder tatsächlicher Arbeitslosigkeit hin- und her gependelt werden muss (Arens, Gangoin und Treumann 2007; Plath 2000)

Auf dem Wege zum selbstständigen „Lernkraft-Unternehmer“

Meine These ist, dass es analog zu den geschilderten Veränderungen am Arbeitsmarkt auf allen Stufen von Lernprozessen im Lebenslauf zu einer Verstärkung der Individualisierungstendenzen bei der Bildung kommt. Verlangt wird ein sich verstärkendes Selbstmanagement bei der Gestaltung der eigenen Bildungslaufbahn. Dem Arbeitskraft-Unternehmer entspricht der „Lernkraft-Unternehmer“, der mit einer hohen Bereitschaft zur Selbstkontrolle der eigenen Lernleistung zu einem Makler der eigenen Fähigkeiten und Kompetenzen wird und die eigene Lebensführung konsequent auf einen Erfolg im Bildungsprozess ausrichtet. Der Lernkraft-Unternehmer wird zum zukünftigen Prototyp des Lerners, auf dem sich das Bildungssystem einzustellen hat.

Wie die letzten Shell Jugendstudien (Shell Deutschland 2006, 2010) beweisen, gelingt es der Mehrzahl der Jugendlichen und jungen Erwachsenen, sich auf diese neue Lage einzustellen. Zu den wichtigsten Ergebnissen der letzten Shell Jugendstudien gehört die, trotz der realistisch eingeschätzten, sowie schwierigen Ausgangsbedingungen, auffällig pragmatische Grundstimmung bei der Mehrheit der Jugendlichen im Hinblick auf ihre eigene persönliche Zukunft. Die gesellschaftliche, insbesondere wirtschaftliche und sicherheitspolitische Entwicklung wird von den Befragten als kritischer als vor 10 oder 20 Jahren eingestuft, die persönlichen Möglichkeiten zur Bewältigung dieser Situation durch individuelle Anstrengung und konzentrierte Lebensführung aber werden mehrheitlich dennoch positiv gesehen. Diese konstruktive Grundstimmung ergibt sich vor allem aus der hohen schulischen Leistungsmotivation. Durch einen hohen Bildungsgrad wollen Jugendliche sich eine günstige Position auch im beruflichen Sektor erschließen. Die Mehrheit von ihnen ist überzeugt, diesen Aufstieg über das Schulsystem auch tatsächlich bewerkstelligen zu können. Sie spüren zugleich, wie schwierig für sie der Übergang in den Beruf geworden ist. Jugendarbeitslosigkeit und Konjunkturprobleme sind ihnen voll bewusst.

Eine meinungsführende Gruppe von selbstbewussten Machern und pragmatischen Idealisten lässt sich identifizieren. Sie bildet zwei Drittel der Jugendpopulation und zeichnet sich durch eine Synthese von „alten“ und „neuen“ Werten aus. Die Werte Fleiß und Ehrgeiz, Macht und Einfluss sowie Sicherheit erleben in dieser Gruppe eine Renaissance, sie werden mit den Selbstverwirklichungswerten Kreativität, Unabhängigkeit, Lebensgenuss und Lebensstandard kombiniert. Die „Macher“ sind eine aufstiegsorientierte Gruppe von gleich vielen jungen Frauen und jungen Männern, die eine unbefangene Kombination von materialistischen und postmaterialistischen Orientierungen praktiziert. Die selbstbewussten Macherinnen und Macher verbinden Selbstverwirklichung mit Selbstdisziplin, sie haben keine Schwierigkeiten damit, über Fleiß und Disziplin zu materiellem Reichtum und Lebensgenuss zu kommen. Sie sind Nutzenkalkulierer, selbstbezogene und bedürfnisorientierte Umweltmonitore, die man auch als „Egotaktiker“ bezeichnen kann.

Für diese große Mehrzahl der Jugendlichen gilt: Der Schwerpunkt ihrer Zukunftswünsche liegt im Erfolg in der Leistungsgesellschaft, also überwiegend im beruflich-wirtschaftlichen Komplex. Sie sind im engsten Sinne des Wortes „produktive Verarbeiter ihrer inneren und äußeren Realität" (Hurrelmann 2012; Hurrelmann und Quenzel 2012), kommen mit verhältnismäßig wenigen Fremdimpulsen der Strukturierung ihrer Lernprozesse aus und verfügen über ein hohes Maß von Selbstkontrolle und Selbstdisziplin, um erfolgreich zu sein. Wir haben wir es mit einer interessanten, aber auch sehr eigenwilligen jungen Generation in Deutschland zu tun. Alle sind sehr leistungsmotiviert. Vor allem die jungen Frauen fallen durch ihren Ehrgeiz der Lebensplanung auf. Sie wollen Beruf und Karriere ebenso wie Familie, Partner und Kinder miteinander verbinden. Die jungen Männer ziehen nur zum Teil und nur zögerlich mit. Sie kleben noch ängstlich an alten Geschlechtsrollen, glauben, ihnen stünde ein beruflicher Erfolg per Tradition ohnehin zu. Dadurch verschlechtern sie ihre Lage ungewollt immer mehr.

Das Konzept des lebenslangen Lernens

Was wir nun brauchen, ist ein Bildungssystem, das den Anforderungen der modernen Welt und den Wünschen der jungen Generation gerecht wird. Die internationalen Bildungsorganisationen OECD und UNESCO haben hierfür vor vierzig Jahren den Begriff des „Life Long Learning" in die fachliche Diskussion eingeführt. Von maßgeblicher Bedeutung war der 1972 veröffentlichte programmatische Bericht der UNESCO des früheren französischen Erziehungsministers Faure, der auf „Education Permanente" setzt, um das gesamte Bildungssystem von den Kleinsten in der Vorschule bis hin zu Angeboten für die Ältesten in Volkshochschule so umzugestalten, dass jede Bürgerin und jeder Bürger eine individuelle Bildungsbiographie komponieren kann. Ein lebenslanges Lernen ist nach dieser Vorstellung in hoch entwickelten Gesellschaften unvermeidlich. Einer der Kernsätze des Faure-Berichtes lautet: „Bildung muss auf vielfältige Weise erworben werden können. Wichtig ist nicht, welchen Weg das Individuum wählt, sondern was es gelernt hat" (Faure et al. 1973, 251). Die OECD hat 1996 eine ähnliche Orientierung vorgeschlagen (OECD 1996).

Das Konzept des lebenslangen Lernens entspricht den Erkenntnissen der interdisziplinären Sozialisations- und Entwicklungsforschung, die von einer aktiven und prozesshaften, „produktiven" Verarbeitung der inneren und äußeren Realität während der gesamten Lebensspanne ausgeht (Hurrelmann 2012). Sowohl die sozialwissenschaftliche und entwicklungspsychologische Forschung als auch die biomedizinische, insbesondere die neuere Hirnforschung, unterstreichen die über alle Lebensphasen hinweg anhaltende Umstrukturierung von Fähigkeiten und Handlungskompetenzen, Wahrnehmungs- und Reaktionsstrukturen eines Menschen, die durch entsprechend günstige oder ungünstige Umweltimpulse gefördert oder gehemmt werden kann. Entsprechend wichtig für eine optimale Entfaltung von sozialen und kognitiven Kompetenzen ist ein Arrangement von stimulierenden Lernimpulsen, die intensive Anleitung geben, zugleich aber genügend Freiräume für die selbstgesteuerte Weiterentwicklung von Fähigkeiten und Kompetenzen gestatten.

Für ein optimales Bildungssystem ergibt sich aus dieser Erkenntnis die Anforderung, die Bereiche des Bildungssystems von der Elementar- und Grundbildung bis zur Weiterbildung in ein enges Verhältnis zueinander zu bringen. In sozialisationstheoretischer Perspektive muss ein Bildungssystem der Tatsache Rechnung tragen, dass Bildungsprozesse nur dann erfolgreich sein können, wenn sie auf den erreichten persönlichen Entwicklungsstand eingehen sowie aus einer Kombination von professionell angeleiteten und selbstinduzierten Impulsen bestehen.

Lebenslanges Lernen verlangt nach einer Verzahnung von Grund- und Weiterbildung. Die Grundbildung besteht aus elementaren Impulsen für die Entwicklung von Sozial- und Leistungskompetenzen eines Menschen. Sie ist naturgemäß in den ersten Lebensabschnitten von der frühen Kindheit bis zum frühen Erwachsenenalter angesiedelt und in der Regel durch gesellschaftlich organisierte Bildungsinstitutionen gestützt (Deutscher Bildungsrat 1971). Es geht um grundlegende Strukturierungen von Lern- und Entwicklungsfähigkeiten und den Aufbau von „Schlüsselqualifikationen“, die einen Menschen in die Lage versetzen, das nötige Rüstzeug zu erwerben, um sich aus eigenem Antrieb auf neue Herausforderungen und Lebenssituationen einzustellen und die dafür notwendigen Qualifikationen zu erschließen. Durch anregende Impulse schon in den ersten Lebensjahren kann die Voraussetzung dafür geschaffen werden, auch in den anschließenden Lebensabschnitten den persönlichen und sozialen Entwicklungsaufgaben gewachsen zu sein (Bildungskommission NRW 1995).

Die „Weiterbildung“ schließt fließend an die Grundbildung an (Arnold 1995). Weiterbildung ist, um mit dem Deutschen Bildungsrat zu sprechen, die „Fortsetzung oder Wiederaufnahme organisierten Lernens nach Abschluss einer unterschiedlich ausgedehnten ersten Bildungsphase“ (Deutscher Bildungsrat 1975, 197). Wir sollten heute hinzufügen: Die Fortsetzung und Wiederaufnahme organisierten *oder selbstbestimmten* Lernens, denn die Selbstlernkomponente gewinnt immer stärker an Gewicht (Weisser 2002, 35).

Meist wird zwischen beruflicher und allgemeiner Weiterbildung unterschieden. Die berufliche Weiterbildung kann in die berufliche Fortbildung und Umschulung, die allgemeine Weiterbildung in die Erweiterung der Grundbildung und die politische Bildung unterteilt werden (Weisser 2002, 37). In allen Bereichen ist die Kombination von „Selbstlernen“, dem im Faure-Bericht so genannten „autodidaktischem Studium“ und angeleitetem Lernen typisch (Europäische Kommission 1995).

Grundbildung und Weiterbildung jeweils optimal zu entwickeln und in engster Weise zu verzahnen, ist die Herausforderung an die heutigen Bildungssysteme. In Deutschland stehen wir hier vor erheblichen Entwicklungsanforderungen. Aus den internationalen Vergleichsstudien über die Leistungsfähigkeit der Grundbildung können wir auf eine nur mäßig hohe Effizienz des hiesigen Vorschul- und Schulsystems schließen. Offensichtlich gelingt es den heutigen Strukturen nicht, Kinder und Jugendliche so intensiv zu fördern und zu unterstützen, dass sie bis an die Grenzen ihres jeweiligen persönlichen Leistungspotentials vorstoßen können. Auch hängt der Bildungserfolg sehr stark von der familiären Herkunft ab. Im Bereich der Weiterbildung liegt Deutschland im europäischen Vergleich sowohl nach Breite des Weiterbildungsangebotes wie nach Beteiligungsquoten allenfalls im Mittelfeld (Schiersmann 2007, 139). Die folgenden Herausforderungen stellen sich:

- Die Organisation des Bildungssystems in Deutschland ist zu flexibilisieren,
- die Teilnehmerorientierung und der Adressatenbezug sind zu stärken,
- die Selbstständigkeit jeder einzelnen Bildungseinrichtung ist herzustellen und
- die Möglichkeiten der neuen Informationsmedien sind zu nutzen.

Ich gehe der Reihe nach auf diese Herausforderungen ein.

Die Organisation des Bildungssystems ist zu flexibilisieren

Wir leisten uns auf allen Stufen des Bildungssystems, die mit unterschiedlichen Phasen im Lebenslauf korrespondieren, stark untergliedert und sektorhaft voneinander abgeschottete Strukturen (Autorengruppe Bildungsberichterstattung 2012; Hurrelmann, Rathmann und Quenzel 2011).

Im Primarbereich des Bildungssystems fällt ein Bruch zwischen einem vornehmlich korporatistisch organisierten Vorschul- und einem staatlich verfassten Grundschulbereich auf. Der vorschulische Elementarbereich ist bei uns im internationalen Vergleich nur sehr schwach ausgebaut und versteht sich hauptsächlich als Auffangsystem für Engpässe in der familiären Erziehung. Er wird zu einem großen Teil durch parastaatliche Institutionen getragen und über private Gebühren der Eltern finanziert. Konzeptionell versteht er sich nicht als Erziehungssektor und auch nicht als Bestandteil des Bildungssystems. Entsprechend schwierig ist der Übergang in das Schulsystem. Dessen inhaltlicher Schwerpunkt liegt nicht mehr auf der Betreuung und dem spielerischen Fördern von Kindern, sondern der Leistungsförderung. Mit dem sechsten Lebensjahr beginnt der staatliche Grundschulbereich als Pflichtsektor des Bildungssystems. Dieser Sektor wird fast vollständig über Steuern finanziert, und er folgt als leistungsorientiertes System auch ansonsten einer absolut anderen Funktionslogik als der Elementarbereich. Durch diesen Systembruch gibt es keine in sich geschlossene Struktur für den Grundbildungsbereich der Lebensphase Kindheit. Nach Durchlaufen der Grundschule existiert auch kein systemkonformer Übergang in die weiterführenden Schulen. Vielmehr müssen die Schülerinnen und Schüler das System wechseln.

Im Sekundarbereich des Bildungssystems leisten wir uns ein stark gegliedertes Schulwesen mit einer wissenschaftsorientierten und ziemlich praxisfernen Allgemeinbildung an Gymnasien und einer eher wissenschaftsfernen Praxis an Hauptschulen, Realschulen und Berufsschulen. Schülerinnen und Schüler werden nach Abschluss der Grundschule schematisch auf diese Einrichtungen des mehrgliedrigen Schulsystems aufgeteilt und stehen danach kaum noch in Kontakt zueinander. Wir haben ein sozial hoch selektives System. Ähnlich wie im Elementar- und Primarbereich fallen erhebliche Unterschiede in der Ausstattung der einzelnen Schulformen und der professionellen Qualifikation der hauptberuflichen Lehrkräfte auf. Die Wechselmöglichkeiten zwischen den Schulformen sind gering. Die Übergangswege in den anschließenden Tertiärbereich sind mit einem erneuten Systemwechsel verbunden.

Der Hochschulbereich, das Tertiärsystem unseres Bildungswesens, ist durch eine Kluft zwischen den wissenschaftsorientierten und verhältnismäßig berufsfernen Universitäten sowie den berufs- und wirtschaftsnahen und relativ wissenschaftsfernen Fachhochschulen gekennzeichnet. Auch hier sind die Teilsysteme durch jeweils unterschiedliche Organisationsformen, Qualifikationsstufen des Personals und Qualitätsausprägungen der Bildungsgänge voneinander stark unterschieden. Ebenso wie im Sekundarbereich haben diejenigen Bildungsprogramme besonders hohes Ansehen und relativ starke finanzielle Unterstützung, die allgemeinbildend und wissenschaftsorientiert sind. Demgegenüber fallen die anderen Bildungsprogramme ab, die gezielt auf beruflich und wirtschaftlich verwertbare Qualifikationen ausgerichtet sind. Dadurch spielen wir im deutschen Bildungssystem praktisch durchgehend Allgemeinbildung und Berufsbildung gegeneinander aus. Die Übergänge in den Weiterbildungsbereich sind intransparent und nur wenig strukturiert.

Im Quartärbereich trennen wir stark zwischen wissenschaftlicher und beruflicher Weiterbildung. In der beruflichen Weiterbildung geht es in erster Linie um eine Qualifikationsförderung im Dienste der Unternehmen. Die berufliche Weiterbildung gilt häufig als fremdbestimmt, weil Qualifikationskriterien letztlich von außen kommende Anforderungen seitens der Wirtschaft und des Arbeitsmarktes an die Lernenden sind. In der wissenschaftlichen Weiterbildung wird demgegenüber die Auswahl der Inhalte nach allein fachlichen Kriterien vorgenommen. Es fehlt an einer Verzahnung dieser Bereiche und auch an einer Verbindung des Weiterbildungs- mit dem Hochschulsektor.

Um die genannten Schwachstellen zu überwinden, sind folgende Reformschritte notwendig:

Im vorschulischen Bereich benötigen wir nach internationalem Vorbild ein flächendeckendes Netz von Einrichtungen zur Ergänzung der Familienerziehung und zur Vorbereitung auf die Grundschule. Das Fachpersonal in diesen Einrichtungen muss eine akademische Ausbildung haben, um den hohen Anforderungen an Lernimpulsen in den ersten Lebensphasen gerecht zu werden. Die Verzahnung der Elementarausbildung mit der Grundschulausbildung muss schnellstens hergestellt werden, um einen in sich stimmigen und harmonisch aufeinander aufbauenden Bildungsprozess in den ersten zehn Lebensjahren zu ermöglichen. Starke Elemente des Selbststudiums sind in dieser frühen Entwicklungsphase von großer Bedeutung, wie die moderne Lern- und Sozialisationsforschung zeigt.

Im weiterführenden Schulbereich, der Sekundarstufe I und der Sekundarstufe II, ist die Flexibilisierung von Lernangeboten zu beschleunigen. Durch die bevorstehende Ausweitung des Schulangebotes in den Nachmittag („Ganztagsschulen“) bieten sich Kooperationen mit außerschulischen Anbietern von Bildungsprogrammen an. Weiterhin ist eine Berücksichtigung der multimedialen Anreicherung von Lernprozessen angezeigt, um alle Impulse auszuschöpfen. Wichtig wird auch eine Beruhigung der völlig zersplitterten Organisationsstruktur des Sekundarschulsystems in Deutschland und eine schrittweise Integration der Bildungsgänge. Die Hauptschule sollte sofort aufgelöst werden, sodass eine übersichtliche „Zweigliedrigkeit“ des Schulsystems in der Sekundarstufe erreicht wird.

Im Hochschulsystem geht es ebenfalls darum, flexibel auf die Nachfrage von Studierenden und die Bedarfe des beruflichen Bereiches einzugehen. So schnell wie möglich sollte die heutige Unterteilung in praxisbezogene Fachhochschulen und wissenschaftsbezogene Universitäten aufgelöst und nach internationalem Vorbild in eine einheitliche, differenzierte und flexible Hochschulstruktur überführt werden. Die wissenschaftliche Weiterbildung sollte zum selbstverständlichen Bestandteil der Hochschulangebote werden.

Der Sektor der Weiterbildung ist außerordentlich zersplittert, verschiedenen Politikbereichen zugeordnet und auch politisch nur zu einem Teil steuerbar. Je nach konkretem Zusammenhang ist Weiterbildungspolitik nicht nur Bildungspolitik, sondern auch Arbeitsmarkt-, Sozial- und Personalpolitik. So flexibel wie kaum ein anderer Sektor verlangt der Weiterbildungsbereich nach einem Zusammenspiel von staatlichen und privaten Trägerschaften und Initiativen. Vieles spricht dafür, dem Staat eine überwiegend fördernde und regulierende Rolle zuzusprechen, sodass dann private Initiativen in dem so gesetzten Rahmen Trägerschaft und Angebot übernehmen. Die Verzahnung mit allen Bereichen des Schul- und Hochschulsystems ist einzuleiten.

Alle Bereiche des Bildungssystems sind schließlich miteinander so flexibel zu verbinden, dass sie ein einheitliches Ganzes ergeben. Um das Angebot des Gesamtsystems erschließen zu können, sind Bildungsberatung und Bildungscoaching auszubauen und die Wahl- und Nutzerkompetenz der Lerner systematisch zu fördern.

Die Teilnehmerorientierung und der Adressatenbezug sind zu stärken

Lebenslanges Lernen ist nur möglich, wenn in jeder einzelnen Phase des Sozialisationsprozesses maßgeschneiderte Lernangebote unterbreitet werden. Solche Angebote sind nur möglich, wenn der jeweils erreichte Entwicklungsstand eines Lerners durch ein genau passendes Angebot von Lernimpulsen aufgenommen wird. Es ist also eine präzise Eingangsdiagnose der Fähigkeiten und Fertigkeiten des Lernenden notwendig, um hierauf abgestimmte differenzierte Angebote für Lernprozesse zu unterbreiten.

Im Bereich der Weiterbildung ist diese Gestaltungsaufgabe heute besser gelöst als in der Grundbildung. Für die Weiterbildung ist von je her eine starke Heterogenität der Teilnehmerschaft typisch. Teilnehmer der Weiterbildung knüpfen an bereits erworbene, innerhalb und außerhalb ihrer Grundbildung gefestigte Strukturen im Hinblick auf Wissen, Einstellungen und Verhalten an (Faulstich, Teichler, Bojanowski und Döring 1991). Meistens steht für sie Weiterbildung in Zusammenhang mit konkreten Verwendungsmöglichkeiten und hiermit verbundenen beruflichen und privaten Zielen (Dewe 1994).

Hierdurch ergibt sich auf den ersten Blick eine andere Ausgangslange als in den meisten Formen der Grundbildung, für die eine große Homogenität von Lerngruppen angenommen wird. Bei genauerem Hinsehen ist der Unterschied zur Grundbildung aber nicht kategorial, sondern nur graduell. Unter dem Eindruck der international vergleichenden Leistungsstudien wird heute auch die große Heterogenität der Lerngruppen in der Elementar- und Grundschulpädagogik wahrgenommen. Die Grundbildung kann hier viel von der modernen Weiterbildung lernen. Auch im Schulsystem muss die Teilnehmerorientierung intensiviert werden, wenn Bildungsprozesse erfolgreich sein sollen. Die Beziehung zwischen dem Angebot an Bildungsimpulsen und den Bedürfnissen der Teilnehmer, also der Schülerinnen und Schüler, spielt die entscheidende Rolle. In der Weiterbildung wurde sie in den letzten Jahrzehnten sehr genau erforscht, indem die Lernpsychologie der Teilnehmer, der Zusammenhang von Lebenslauf, Berufskarriere und Weiterbildung, die sozialen und psychischen Determinanten der Teilnahme, die zielgruppenadäquate Didaktik und Methodik der Angebote und der Beitrag der Weiterbildung für die Persönlichkeitsentwicklung in den Vordergrund gerückt wurden. Alles dieses sind Themen, die analog auf die Grundbildung im Vorschul-, Schul-, Berufsbildungs- und Hochschulbereich übertragen werden sollten.

Im Wesentlichen geht es bei der Teilnehmerorientierung von Bildungsangeboten darum, die heute vorherrschende starre Angebotsorientierung von Lernprogrammen in eine Nachfrageorientierung umzuwandeln. Das System der Grundbildung in Deutschland ist ganz überwiegend angebotsorientiert. Eine bestehende Schulform zum Beispiel ist in ihrer Programmatik fixiert und nimmt nur diejenigen Schülerinnen und Schüler auf, die nach ihrem Lernprofil dieser Programmatik entsprechen. Gelingt es einem Schüler oder einer Schülerin nicht, dem Lernprofil etwa des Gymnasiums zu entsprechen, dann wird er oder sie von dieser Schulform verwiesen. Die Angebotsorientierung regt kaum Aktivitäten im didaktischen und fachlichen Bereich an, die auf eine Förderung von Schülerinnen und Schülern mit Lernschwierigkeiten gerichtet sind. Soll das Schulsystem aber seine Klientel je nach individuellen Kompetenzen optimal fördern, ist eine Nachfrageorientierung notwendig, bei der jede Schule eine genaue Bestandsaufnahme vornimmt, mit welchen Voraussetzungen Schülerinnen und Schüler in den Bildungsgang jeweils eintreten und welche individuell zugeschnittenen Unterstützungen und Förderungen sich hieraus ergeben. Dieser pädagogische Paradigmenwechsel, der in der Weiterbildung schon vollzogen ist, steht den Einrichtungen der Grundbildung erst noch bevor.

Der Paradigmenwechsel ist auch notwendig, um die heute eklatante Bildungsungerechtigkeit, d. h. die ungleiche Verteilung von Bildungschancen je nach sozialer Herkunft abzubauen. Die internationalen Vergleichsstudien zu den Leistungsergebnissen der Schülerinnen und Schüler haben auf ein in Deutschland besonders starkes soziales Gefälle nach sozioökonomischem Status der Elternhäuser hingewiesen (Deutsches PISA-Konsortium 2001).

In keinem anderen Land der Welt entscheidet die familiäre Herkunft so stark über den erreichten Schulleistungsstand und -abschluss wie in Deutschland. Hierdurch wird nicht nur das Prinzip von Chancengleichheit verletzt, das konstitutiv für eine moderne Demokratie ist, sondern es bleiben auch riesige Potentiale von Leistungsfähigkeit unerschlossen, die für die Entwicklung einer modernen Volkswirtschaft im internationalen Wettbewerb von immer größerer Bedeutung werden. Schon in der Frühförderung werden bei uns falsche Weichen gestellt, die einen Teil der jungen Bevölkerungsmitglieder von ihren Entwicklungsmöglichkeiten ausschließen. Diese Benachteiligungen werden im weiteren Verlauf der Bildungslaufbahn nicht abgebaut, sondern verstärken sich meist noch.

Die Selbstständigkeit jeder einzelnen Bildungsinstitution ist herzustellen

Eine weitere Voraussetzung zur Umsetzung des Konzepts des lebenslangen Lernens ist die Verstärkung der Selbständigkeit der einzelnen Bildungsinstitutionen vom Kindergarten über die Grundschule bis zur weiterführenden Schule, der Hochschule und der Weiterbildungseinrichtung, zu unterstützen. Lebenslange Lernmöglichkeiten verlangen nach einer unkomplizierten Zugänglichkeit verschiedener Bildungseinrichtungen je nach Bedarf des Lernenden. Deshalb ist diejenige Einrichtung für den Lernenden am interessantesten, die sich flexibel auf seine direkten Wünsche und Interessen einstellen kann und von ihnen ein gezieltes Lernprogramm anbietet. Das gelingt einer selbständigen Einrichtung am besten.

Das höchste Ausmaß an Selbständigkeit ist in Deutschland heute im Quartärbereich, dem Sektor der Weiterbildung gegeben. Die Trägerschaft der Einrichtungen der Weiterbildung ist sehr pluralistisch (Diemer und Peters 1998). Von Arbeitgebern und Betrieben über Volkshochschulen, privaten Institutionen, kirchlichen Einrichtungen, Verbänden, Berufsverbänden, Akademien, nicht-kirchlichen Wohlfahrtsverbänden über Kammern, Gewerkschaften, Arbeitgeberverbänden, Berufsgenossenschaften, Parteien und Fernlehrinstituten bis hin zu Fachschulen, Fachhochschulen und Universitäten ist alles vertreten.

Jede einzelne Einrichtung ist stark Klienten-orientiert. Damit ist der Weiterbildungsbereich in Deutschland ein Vorreiter in der organisatorischen Flexibilisierung.

Der tertiäre Bildungsbereich, das Hochschulsystem, ist in Deutschland überwiegend in staatlicher Hand. Entsprechend stark ist die zentral gesteuerte Standardisierung der Lehr- und Lernstrukturen. Dennoch zeigen sich in vielen Ansätzen Prozesse der Verselbständigung der einzelnen Einrichtungen, die zu einer Flexibilisierung des Angebotes an Ausbildungsprogrammen führen.

Nur eine selbständige, autonom pädagogisch handlungsfähige Bildungsinstitution ist in der Lage, den veränderten Lebensbedingungen von Kindern und Jugendlichen gerecht zu werden. Wenn es für die Angehörigen der jungen Generation notwendig ist, ein hohes Ausmaß von Selbständigkeit zu entwickeln, um mit den Lebensanforderungen zurechtzukommen, dann brauchen sie auch eine Schule mit hoher Selbständigkeit, die ihnen auf ihren Wegen in das Erwachsenenalter Anregungen und Hilfestellung bietet. Leistungsfähig sind Kinder und Jugendliche nur dann, wenn sie mit ihren alltäglichen Lebensanforderungen zurechtkommen, also ihre altersspezifischen Entwicklungsaufgaben bewältigen können. Es ist ein altes Credo der pädagogischen Arbeit, dass gutes kognitives Lernen nur möglich ist, wenn es auf das Engste mit sozialem Lernen verbunden ist. Leistungs- und Kompetenzförderung bilden eine untrennbare Einheit, sie bauen wechselseitig aufeinander auf. Die Schulen einseitig nur darin zu unterstützen, die Leistungsfähigkeit der Schüler durch gezieltes Training und präzisere Tests zu stärken, ist nicht ausreichend. Schulen müssen auch in der Lage sein, das gesamte Spektrum von sozialen Kompetenzen einschließlich der emotionalen, kommunikativen und interaktiven Fähigkeiten mit in ihr Förderprogramm aufzunehmen.

Die traditionelle Schulorganisation in Deutschland ist hierfür nicht geeignet. Das Schulsystem in Deutschland trägt immer noch das Muster alter militärischer Organisation aus dem vorvorigen Jahrhundert, konzipiert nach der Idee, dass die pädagogische Arbeit mit Kindern und Jugendlichen ein reglementierbarer Akt sei, der staatlich überwacht und gesteuert wird. Schulen wurden zu Beginn des vorigen Jahrhunderts in wohlmeinender Absicht in die hierarchischen Strukturen eines bürokratischen staatlichen Verwaltungssystems eingegliedert. Sie sind gewissermaßen die unterste Instanz eines Behördenapparates, die durch Weisungen „von oben“ gesteuert werden soll. Eine solche Organisationsstruktur des Schulsystems ist von ihrem ganzen Aufbau her nicht in der Lage, sich flexibel den Aufgaben der Leistungs- und Sozialförderung der Schülerinnen und Schüler zu stellen.

Nur durch eine grundlegende Umstellung des deutschen Schulsystems auf eine Eltern- und Schülerorientierung lässt sich diese Fehlentwicklung stoppen. Wenn man es auf ein Motto bringen will, geht es darum, Schulen zu „pädagogischen Dienstleistungseinrichtungen“ zu machen, die sich um ihre Klientel, also die Eltern und die Schüler, bemühen und sich auf sie einstellen. Die Aufgabe der Schule ist es, jeweils flexibel auf die Ausgangssituation einzugehen, die die Schülerinnen und Schüler mit sich bringen, wenn sie die Institution betreten. Es geht also um nicht mehr und nicht weniger, als das an einem starren Angebot orientierte Schulsystem in Deutschland auf die flexible Nachfrageorientierung umzustellen.

Wir brauchen Bildungseinrichtungen, die kompetent, sensibel und liebevoll auf die Bedürfnisse und die Lebenslage der Schülerinnen und Schüler und ihrer Eltern eingehen. Das ist nur möglich, wenn jeder einzelnen Bildungsinstitution, jedem einzelnen Kindergarten und jeder einzelnen Schule, jeder Berufsbildungsstätte und jeder Hochschule die notwendige Selbstständigkeit eingeräumt wird, um auf die Anforderungen zu reagieren, die sich spezifisch durch die Klientel ergeben, die sich für diese Einrichtung entscheidet. Die Bildungseinrichtungen brauchen dazu erstens eine finanzielle Budgetsicherheit, also einen eigenen finanziellen Verfügungsspielraum für alle zentralen und pädagogisch wichtigen Entscheidungen, zweitens die weitgehende Autonomie bei der Zusammensetzung ihres Fachkollegiums und drittens die entsprechende Freiheit der Definition ihres pädagogischen Arbeitsprogramms und ihrer didaktischen Konzeption und Förderphilosophie. Um auf die Klientel einzugehen, die sich an der Schule konkret einfindet, müssen die verantwortlichen Lehrkräfte in enger Abstimmung mit Eltern und Schülern ein jeweils spezifisches Förderprogramm von der Eingangsdiagnostik bis zum Schlusstest entwickeln können.

Die Rolle des Staates wird dadurch nicht überflüssig, aber sie verändert sich deutlich. Die Schul- und Bildungsministerien sind nicht mehr die Kommandozentrale für die Steuerung der pädagogischen Abläufe in den einzelnen Bildungseinrichtungen, sondern die Rahmensetzer und fachlichen Supervisors. Eine selbständige, eigenverantwortliche Schule braucht eine rechtliche Sicherheit, zum Beispiel im Blick auf die Qualität und die Anerkennung, die sie ihren Schülerinnen und Schülern verleiht. Sie braucht einen finanziellen Rahmen, der berechenbar und dauerhaft ist. Sie benötigt Beratung und Begleitung durch Fachleute in Organisations- und Personalfragen. Die selbständige Schule ist also nach wie vor auf den Staat angewiesen, aber nicht auf seine obrigkeitsstaatliche angemaßte Bevormundung, sondern seine Rahmen setzende und Prozesse strukturierende Hand.

Die Möglichkeiten der neuen Informationsmedien sind besser zu nutzen

Um das Konzept des „Lebenslangen Lernens" umzusetzen, stehen heute hervorragend geeignete mediale Hilfen zur Verfügung. Die Berücksichtigung moderner Informations- und Kommunikationsmedien bietet die Chance, sich die neuen Gestaltungsmöglichkeiten zu nutzen zu machen, die sich aus der Verfügbarkeit dieser Medien ergeben. Vor allem dank der konsequenten Verwendung des Internets kann eine systematische Teilnehmerorientierung erfolgen. Es sind heute nicht mehr nur die standardisierbaren Inhalte von Lehrgängen und Sprachprogrammen, die technisch gut aufbereitet werden können, sondern zunehmend alle Lerninhalte, auch die kommunikativ komplexeren. Dadurch sind ganz direkte und ganz persönliche Ansprachen und Lernprogramme möglich geworden. Ein Vorteil ist auch, dass zeitliche und örtliche Hindernisse der Bildungsnachfrage überwunden werden können. Zunehmend bilden sich neuartige methodisch-didaktische Lehr- und Lernformen heraus, bei denen in allen Bereichen des Bildungssystems dem Selbststudium ein viel größerer Stellenwert als bisher eingeräumt wird.

Es zeichnet sich für die nächsten Jahre eine weltweite Verfügbarkeit von Fernstudienangeboten auf allen Stufen der Bildung ab. Auch der gesamte Bereich der Grundbildung vom Kindergarten bis zu den Hochschulen wird Schritt um Schritt in diese Entwicklung einbezogen werden. In allen Bereichen wird man sich verstärkt die Frage stellen, wie durch die Nutzung moderner Medien nicht nur eine sinnvolle Verlagerung der Distributionswege von Wissen und Fertigkeitstraining vorgenommen, sondern auch eine Qualitätsbesserung und vor allem eine Verstärkung der Teilnehmerorientierung erfolgen kann. Die Chancen liegen in einer stärkeren Individualisierung von Lernprozessen und in einer Intensivierung von Übungseffekten, die durch die Nutzung der flexiblen elektronischen Kanäle mit hoher Kapazität möglich geworden sind.

Die erwähnten didaktischen, curricularen und organisatorischen Gestaltungsaufgaben müssen in den kommenden Jahren gelöst werden, wenn wir Anschluss an internationale Entwicklungen halten und das Bildungssystem auf lebenslange Impulse umstellen wollen.

Wir benötigen ein positives Verhältnis zum Konzept des lebenslangen Lernens, um das deutsche Bildungssystem so flexibel auszurichten, dass es für unterschiedliche Zielgruppen geeignete Impulse und Lernformen über die gesamte Lebensspanne hinweg geben kann. Die starre Angebotsorientierung und das geringe Ausmaß von Selbstständigkeit erweisen sich dabei ebenso als große Hindernisse wie die ungerechte Chancenverteilung und die unzureichende Nutzung moderner Medien. Durch die schnelle Entwicklung von Informations- und Kommunikationstechniken ist die Möglichkeit entstanden, die strukturierten Lernimpulse von Bildungsinstitutionen durch flexible Anregungen für das Selbstlernen zu ergänzen. Wie effizient diese Anreicherung von Lernimpulsen ist, zeigt sich bereits heute im Weiterbildungsbereich. Erfahrungen und Erkenntnisse aus dem Weiterbildungsbereich sollten aus diesem Grund in geeigneter Weise auf alle Sektoren des Bildungssystems übertragen werden. Das gilt auch für die immer stärker werdende Orientierung der Lernenden an der Selbststeuerung ihrer Bildungsprozesse.

Literatur

Arens, M., Gangoin, S. und Treumann, K.P. (2007) Arbeitskraft-Unternehmer als E-Learner in der beruflichen Bildung. In: Mansel, J. und Kahlert, H. (Hg.) Arbeit und Identität im Jugendalter. Weinheim: Juventa, 201-217

Autorengruppe Bildungsberichterstattung (Hg.) (2012): Bildung in Deutschland. Bielefeld: W. Bertelsmann Verlag

Arnold, R. (1995): Weiterbildung. München: Vahlen

Bildungskommission NRW (Hg.) (1975): Zukunft der Bildung – Schule der Zukunft. Denkschrift der Kommission Zukunft der Bildung. Neuwied: Luchterhand

Deutscher Bildungsrat (Hg.):

– (1971): Strukturplan für das Bildungswesen. Stuttgart: Klett

– (1975): Umrisse und Perspektiven der Weiterbildung. Stuttgart: Klett

Deutsches PISA-Konsortium (Hg.) (2001): PISA 2000. Basiskompetenzen von Schülerinnen und Schülern im internationalen Vergleich. Opladen

Dewe, B. (1994): Grundlagen nachschulischer Pädagogik. Bad Heilbrunn: Klinkhardt

Diemer, V. und Peters, O. (1998): Bildungsbereich Weiterbildung. Weinheim: Juventa

Europäische Kommission (Hg.) (1995): Lehren und Lernen. Auf dem Weg zur kognitiven Gesellschaft. Weißbuch zur allgemeinen und beruflichen Bildung. Luxemburg: EU

Faulstich, P., Teichler, U., Bojanowski, A. und Döring, O. (1991): Bestand und Perspektiven der Weiterbildung. Weinheim: Deutscher Studienverlag

Faure, E. et al. (1973): Wie wir leben lernen. Der UNESCO-Bericht über Ziele und Zukunft unserer Erziehungsprogramme. Reinbeck: Rowohlt

Hurrelmann, K. (2012): Sozialisation. Das Modell der produktiven Realitätsverarbeitung. Weinheim: Beltz

Hurrelmann, K. und Quenzel, G. (2012): Lebensphase Jugend. Eine Einführung in die sozialwissenschaftliche Jugendforschung. Weinheim: Beltz Juventa (11. Auflage)

Hurrelmann, K., Quenzel, G und Rathmann, K. (2011): Bildungspolitik als Bestandteil moderner Wohlfahrtspolitik. Zeitschrift für Soziologie der Erziehung und Sozialisation 31, 313-327

Nuissel, E. (2000): Einführung in die Weiterbildung. Neuwied: Luchterhand

OECD (Hg.):

– (1996): Lifelong Learning for all. Paris: OECD

– (1973): Recurrent Education. A strategy for lifelong learning. Paris: OECD

Plath, H. E. (2000): Arbeitsanforderungen im Wandel. Mitteilungen aus der Arbeitsmarkt- und Berufsforschung 33, 583-591

Pongratz, H.J. und Voß, G.G. (2003): Arbeitskraft-Unternehmer. Erwerbsorientierungen in entgrenzten Arbeitsformen. Berlin: Edition Sigma

Schiersmann, G. (2007): Berufliche Weiterbildung. Wiesbaden: VS

Seufert, S. und Mayr, P. (2002): Fachlexikon E-Learning. Bonn: Mayr

Shell Deutschland:

– (2006): 15. Shell Jugendstudie. Frankfurt: Fischer

– (2010): 16. Shell Jugendstudie. Frankfurt: Fischer

Weisser, Jan (2002): Einführung in die Weiterbildung. Weinheim: Beltz

RAINER DOLLASE

Was ist guter Unterricht? Antworten der internationalen empirischen Unterrichtsforschung

Wer sich noch an den Unterricht in den fünfziger und sechziger Jahren des vorigen Jahrhunderts erinnern kann, wird bestätigen, dass jeder Unterricht lehrerzentriert war. Nicht selten, zum Beispiel im Gymnasium, bestand Unterricht in der Tat aus einem Lehrervortrag mit gelegentlichen Rückfragen und Beiträgen von Schülern. Diese Art des Unterrichts wurde in jüngerer Zeit, etwa seit den sechziger, siebziger Jahren auch in den Medien als „Frontalunterricht" (Aschersleben, 1985) diffamiert: „Alle schlafen einer spricht, so was nennt man Unterricht". Diese polemische Unterstellung übersieht, dass die Schüler und Schülerinnen früher eine Menge Hausaufgaben ganz alleine (also selbstständig und eigenverantwortlich) zu erledigen hatten. Die Annahme, dass man früher Hilfen von den Eltern erhalten hätte, stimmt noch nicht einmal für alle Angehörigen des Bildungsbürgertums (und es wurde nie empirisch nachgewiesen), für die wenigen Arbeiterkinder im Gymnasium ohnehin nicht. Der Unterricht früher bestand also vormittags aus lehrerzentriertem Unterricht und nachmittags aus selbstständigem Lernen. Außerdem: auf die Fehlerrückmeldung bei Klassenarbeiten und deren Berichtigungen wurde gesteigerter Wert gelegt. In jeder Unterrichtsstunde wurden zunächst die Hausaufgaben kontrolliert. Wenn man so will: Es war ein recht straffer kontrollierter Unterricht mit rezeptiven und aktiven Anteilen. Wie gut er im Vergleich mit anderen Nationen war, wusste man damals nicht. In den siebziger Jahren jedenfalls (vgl. ZEIT vom 20.9.1974, Artikel von Hayo Matthiesen), nach den vielen Reformen der 68er Reformer, „liegen sämtliche Leistungen in der Bundesrepublik sehr wesentlich unter dem internationalen Durchschnitt". Das, was PISA dann ab 2000 ermittelt hat, war schon ein Fortschritt gegenüber diesen Leistungsvergleichen, da Deutschland nun im Mittelfeld lag. Wahrscheinlich ist also, – wenngleich kausal nicht belegbar – dass die reformpädagogischen (also gestrigen) Methoden, die gerne als modern verkauft werden, schon in den 70er Jahren Ursache für den Leistungsabstieg deutscher Schüler waren.

Der gute Unterricht – Antworten der internationalen empirischen Unterrichtsforschung

Empirische Unterrichtsforschung besteht nicht nur aus PISA-Ergebnissen und anderen „large scale" Vergleichsergebnissen, sondern aus rund 1,5 Millionen empirisch wissenschaftlichen Arbeiten weltweit. Darunter sind viele Studien, die experimentell durchgeführt wurden, d. h. die kausal belastbar sind – im

Unterschied zu den PISA-Ergebnissen, aus denen man nicht sicher die Ursachen für das Abschneiden der Schüler diagnostizieren kann. Vergleichsarbeiten, national oder international, erlauben keine verlässliche Analyse der Ursachen. Sie stellen lediglich Phänomene und deren Zusammenhänge fest. Das gilt auch für die komplizierten Strukturgleichungsmodelle.

Man muss sich – angesichts der Unmöglichkeit naturwissenschaftlich experimentell gesicherter Erkenntnisse in der Frage nach dem guten Unterricht – mit Metaanalysen behelfen, d. h. mit der theoretischen und/oder empirischen Zusammenfassung vieler Studien. So fassen etwa Helmke und Weinert (1997) entsprechende Untersuchungen wie folgt zusammen: Qualitätskennzeichen des guten Unterrichts sind Klarheit, effektive Zeitnutzung, effiziente Klassenführung, individuelle, fachliche Unterstützung (d. h. aktive Kontrolle und Unterstützung des Arbeitsfortschritts in Übung und Stillarbeit) oder in anderen Publikationen (Helmke, 1992a, b): fachliches Wissen der Schüler, Aufmerksamkeit im Unterricht, der Klassenkontext, hohe Leistungserwartung, intensive individuelle Hilfen, klarer Unterricht, ausgeprägte Lehrstofforientierung, Toleranz von Langsamkeit und effizientes Management (S. 28). Übersehen wird häufig, dass es nur einen „geringen" Erklärungswert schulorganisatorischer und -ökologischer Faktoren (S. 26) gibt. Denn genau dieses ist bisherige Philosophie in diesem unserem Lande gewesen: Struktur und Organisation sind alles. Dass es sich beim Unterrichthalten um ein schlichtes Handwerk handelt, das man auch handwerklich lernen muss, wird dabei gerne vergessen.

Hierzu eine weitere Quelle, in der über 12.000 Vergleiche zwischen gutem und schlechtem Unterricht „meta-analysiert" worden sind, d. h. eine Vielzahl von Studien wird mithilfe spezieller statistischer Techniken zusammengefasst, obwohl jede einzelne Studie eine spezifische Untersuchungsmethode hatte (von Wang, Haertel, Walberg, 1993). Es ergibt sich eine Rangreihe von Einflussfaktoren auf den guten Unterricht und bei dieser Rangreihe steht an allererster Stelle „classroom management", das auch in den Studien von Helmke & Weinert immer wieder erwähnt wird. Auf dem zweiten und dritten Platz folgen Eigenschaften der Schüler und die elterliche Unterstützung, aber auch die Interaktion zwischen Lehrern und Schülern, die Peer Group, das Klassenklima usw. Auf den letzten Plätzen auf jeden Fall liegen solche Faktoren wie „student demographics", „student use of out of school time", „program demographics", „state and district policies", „school policy and organization", „district demographics" etc. – also das gesamte Arsenal küchensoziologisch argumentierender deutscher Bildungsreformer.

Also auch hier, in der berühmten Studie von Wang, Haertel und Walberg, wird eine absolut eindeutige Bestätigung dafür deutlich, dass organisatorische Faktoren einen geringen Erklärungswert für die Qualität des Unterrichtes haben. Man sollte also, wenn man wirklich etwas tun möchte zur Steigerung der Qualität von Unterricht, auf dieses oft genannte „classroom management" eingehen, bzw. was die drei Autoren vorschlagen, auf proximale (Nahursachen) und weniger auf distale Faktoren (Fernursachen). Auch neuere Studien bestätigen diese universale Erkenntnis: Helmke und Jäger haben im Jahre 2002 eine Totalerhebung der Schulen in Rheinland-Pfalz durchgeführt und bei der Ermittlung eines Profils für die leistungsstärksten Klassen und Kurse wiederum hervorgehoben, dass insbesondere die effiziente Klassenführung an erster Stelle ein Qualitätskennzeichen des erfolgreichen Unterrichts ist.

Mittlerweile ist von Hattie (2009) eine noch umfassendere Analyse der Forschungsarbeiten zum guten Unterricht erschienen. Insgesamt 816 Metaanalysen werden zusammengefasst, diese decken über 52.000 Studien ab und eine Schülerpopulation von über 83 Millionen. Die stärksten Faktoren für die Schülerleistungen (d ist ein Effektstärkemaß, als Anteil der Standardabweichung – je höher desto besser) sind 1. der Lehrer (d=0.49) 2. das Curriculum (m. E. am besten mit Fachdidaktik übersetzbar) (d=0.45) 3. die Lehrmethode (d=0.42) 4. die Schülereigenschaften (d=0.40) 5. der elterliche Bildungshintergrund (d=0.31) und 6. die Schule und ihre Organisation (d=0.23). Aufsehenerregend ist die Tabelle 11.1 auf Seite 243, die nach Hattie belegt „[...] diese Ergebnisse zeigen, dass vom Lehrer ausgeführte aktive und geführte Instruktion sehr viel erfolgreicher ist als ungeführtes, ‚facilitatives' Lernen [...]" (Übersetzung R.D.). „Facilitative" ist der „Lehrer als Moderator selbstgesteuerter Lernprozesse". Geradezu enttäuschend für viele Reformpädagogen, die im Brustton der Überzeugung und arrogant ihre scheinbaren Wahrheiten öffentlich vertreten haben, sieht das nun ganz so aus, als wenn die „ewig Gestrigen", also die Befürworter eines lehrerzentrierten Unterrichts, mehr recht gehabt hätten als die „ewig Heutigen". In einer differenzierten Analyse des Buches schlägt Terhart vor, den Titel des Buches von Hattie „sichtbares Lernen" (Visible learning) besser mit „explizites Unterrichten – aktives Lernen" zu übersetzen (Terhart, 2011). Das trifft in gewisser Weise auf den Unterricht in den fünfziger Jahren zu: vormittags explizites Unterrichten, nachmittags aktives Lernen. Eine Interpretation, die provozieren soll, weil eine missionarische und diffamierende Diskussion wie seit den 90er Jahren üblich, zu nichts führt. Auch die Frage nach der besten Art, den Blinddarm zu entfernen, wird nicht ideologisch und mit Lagerbildung, hier die dummen Gestrigen – dort die intelligenten Heutigen, beantwortet.

Im Unterschied zur öffentlichen Meinung ist das eigenverantwortliche Lernen ebenfalls ein tatsächlich gestriger Begriff. Schon im Lexikon der Pädagogik, 1952, Seite 282 (Herder Verlag) kann man über „Autodidaxie" vieles lesen, was heute als staunenswerte Erkenntnis verkauft wird. Zum Beispiel: dass alles Lernen, lehrerzentriert oder selbstständig, „immer den letzten, eigensten und unübertragbaren Zugriff ... auf das geistige Gut" voraussetzt. Eine Banalität also die Erkenntnis, dass man immer selbst lernt, weil es immer, in jedem Lernarrangement und bei jedem gilt. Auf dieser Banalität eine Theorie der „Selbstbildung" aufzubauen, lohnt sich nicht, weil auch bei Anleitung ein „eigenster Zugriff auf das geistige Gut" geschieht – genauso wie bei selbstständigem Lernen. Interessanter ist, dass man die Gefahren des selbstständigen und eigenverantwortlichen Lernens schon damals erkannt hat: „Da Korrektur und

Wegweisung fehlen, geht der Autodidakt oft zeit- und kraftverschwendende Umwege. Von seinen Interessen gelenkt, die zumeist bestimmten Fragen und Problemen zugewandt sind, unterlässt er es, die zu ihrem Verständnis erforderlichen Grundlagen zu erarbeiten. Die Folge ist Unsicherheit, die sich oft in übersteigertem Selbstgefühl äußert. Ebenso kann Überbewertung des mühsam erworbenen Wissens, Einseitigkeit, ja Eigensinnigkeit und Verschrobenheit aus halb- und missverstandenen Gedanken erwachsen."

Alle meinen, dass eigenverantwortliches Lernen auch deshalb propagiert werden muss, weil die Wissensexplosion und die schnelle Halbwertzeit des Gelernten ein selbstständiges Lernen aus Kostengründen erfordert. Offenbar hat dieses Argument die Erarbeitung von Bedienungsanleitungen für Programm Updates im Sinn. Der größte Teil unserer Bildungsgüter, die zu definieren wären, wird auch in 100 Jahren noch Gültigkeit haben.

Aber auch beim Erarbeiten einer Bedienungsanleitung für ein neues Computerprogramm ist die personale Vermittlung in einem Kurs schneller, sie motiviert mehr, sie ist leichter zu korrigieren, sie erspart Umwege als die selbstständige Erarbeitung (wenn sie richtig gemacht wird!). Geht es gar um komplexe Vorgänge, so ist deren Versprachlichung und Digitalisierung zu kompliziert, und das Vormachen und Nachmachen ist auch für das Erlernen der Bedienung eines Programmes günstiger und schneller.

Zugleich wird in Studien deutlich, dass das selbstständige Lernen keineswegs direkt zu Verbesserungen der Leistungen führt – in Schweden, das seit Einführung des selbstständigen Lernens bei PISA von Mal zu Mal im Leistungsniveau sinkt, gibt es diesbezüglich Analysen (Meldung von „der Standard.at" vom 19.2.2010, Jan Eric Gustafsson, Universität Göteborg). Das liegt einerseits daran, dass diese Idee mit gefälschten Untersuchungsergebnissen in der Pädagogik populär gemacht worden ist (was nicht nötig gewesen wäre). Ein Beispiel: Jeder kennt folgende Aufzählung, die mit fast sakraler Inbrunst an den Anfängen von Festreden gerne zitiert wird:

> Wir nehmen auf und behalten:
>
> 10 Prozent: was wir lesen
>
> 20 Prozent: was wir hören
>
> 30 Prozent: was wir sehen
>
> 50 Prozent: was wir hören und sehen
>
> 70 Prozent: was wir selbst sagen
>
> 90 Prozent: was wir selber tun. (Im Internet mehrfach gefunden)

Es gibt keine empirische Untersuchung weltweit, die dieses nachgewiesen hat. Die glatten Zahlen stammen von einem amerikanischen Marketingexperten, der diese freihändig in den so genannten Erfahrungskegel von Dale (1954) eingezeichnet hat. Andere beziehen sich auf eine Untersuchung von Chi und anderen (1989), die sich mehrfach in Interviews gewehrt hat, als Urheberin für diese Zahlen zu gelten, da sie eine Problemlösungsuntersuchung gemacht habe und keine Gedächtnisuntersuchung (die Originale kann jeder selbst prüfen: Dale 1954 und Chi u. a. 1989). Es gibt inzwischen zahlreiche Studien im In- und Ausland, die sich mit dieser Fälschung beschäftigen. Was man behält oder nicht, hängt von einer ganzen Reihe anderer Faktoren ab, zum Beispiel davon, welche Bedeutung das zu Lernende für das Individuum hat. Auch nur gehörten Stoff kann man bestens behalten, wenn er eine hohe Relevanz besitzt.

Auch PISA 2006 (erschienen als: Prenzel u. a. 2008, die deutsche Nachfolgestudie zum Vergleich der innerdeutschen Länder) hat gezeigt, dass ein experimentierender und handelnder naturwissenschaftlicher Unterricht keineswegs hervorragende Leistungen erbringt. „In sämtlichen Ländern Deutschlands" weisen „jene Schülerinnen und Schüler, die in fast allen Unterrichtsstunden Gelegenheit haben, eigene Untersuchungen zu planen, Experimente durchzuführen, Schlüsse zu ziehen, eigene Ideen zu erklären und naturwissenschaftliche Konzepte auf die Welt außerhalb der Schule zu übertragen [...]" die „geringsten Kompetenzwerte" auf (Kobarg u. a. S. 287 in Prenzel u. a. 2008).

Aus eigenen Hospitationen von 35 Unterrichtsstunden im Jahre 2010 in Brennpunktschulen in Berlin, Hamburg und im Ruhrgebiet sowie in Gymnasien und Gesamtschulen in Nordrhein-Westfalen wurde erkenntlich, dass Schulen, die glauben, sie würden das selbstständige Lernen fördern, überwiegend einen Arbeitsblattunterricht gestalten, bei dem die Schüler dann alleine oder in Gruppen das Blatt mit Aufgaben bearbeiten. Überall war zu beobachten, dass bei den Gruppenarbeiten und individuellen Arbeiten am Blatt nur wenige Schüler tatsächlich aktiv sind, und dass ein Großteil sich die Mühen des Lernens dadurch erspart, dass es die Ergebnisse von anderen Schülern abschreibt. Die Frage ist immer, welche Relevanz und Verbindlichkeit die individuelle Anstrengung für den Lernerfolg hat. Dem Stress des Lernens kann man in „modernen" Unterrichtsformen (die ja ebenfalls alt sind) ebenso leicht ausweichen wie in dem früheren lehrerzentrierten Unterricht. Was also macht das „explizite Unterrichten – aktive Lernen" aus?

Das Kernproblem: Gruppenmanagement und die psychologische Reduzierung der Gruppengröße

Man kann – analytisch – drei Hauptfähigkeiten von Lehrkräften unterscheiden, die den guten Unterricht ausmachen:

1. Die Fähigkeit zur Gruppenführung (s.o. „classroom management"), d. h., die Fähigkeit, die Nachteile einer Gruppe zu kompensieren, Vollbeschäftigung im Unterricht zu erreichen, gleichzeitig fruchtbare Lernprozesse bei vielen zu erreichen.

2. Die Fähigkeit zur Beeinflussung von Schülern, d. h. sie zu veranlassen, zu überzeugen, erziehen, verändern, zur Selbststeuerung anzuregen etc.
3. Die Fähigkeit zum Unterrichten, d. h., Fachkenntnisse haben und vermitteln können, Übungs- und Kontrollaufgaben stellen können, Lernarrangements und -material herstellen können, Antworten und Lösungen bewerten können etc.

Die Fähigkeiten sind voneinander unabhängig: Wer eine besitzt, muss nicht automatisch die anderen beherrschen. An allen Schulen müssen Lehrkräfte auch über Methoden verfügen, die Schüler zu „veranlassen", das zu tun, was sie sollen. Wir greifen hier die „Fähigkeit zur Gruppenführung" heraus, die in den Metaanalysen positiv abgeschnitten hat (Wang u. a., 1983, Hattie, 2009).

Was bedeutet eigentlich „classroom management" oder „Gruppenführung"? Bedauerlicherweise gab es nur eine kurze Zeitspanne in der Bundesrepublik, in der ein Buch von Jacob Kounin „Techniken der Klassenführung", Klett Verlag, (1976) erhältlich war (Neuerscheinung 2006 im Waxmann Verlag). Es geht darum, dass die Schüler im Unterricht vollbeschäftigt sind, mitmachen und wenig Fehlverhalten zeigen. Dies wird erreicht durch eine Reihe von „ungewöhnlichen" Techniken (weil sie banal klingen, aber schwer zu realisieren sind), die der Lehrer auf sehr verschiedene Art und Weise verwirklichen kann. Eine wesentliche Dimension ist etwa die „withitness", das „Dabeisein" oder (im Deutschen falsch konnotiert) „Allgegenwärtigkeit", d. h. der Lehrer macht bei Disziplinierungsfällen keine Objekt- und Zeitfehler, d. h. er bemerkt abweichendes Verhalten sofort und signalisiert, dass er es gemerkt hat bzw. er trifft immer auch den Urheber oder tadelt schwereres Fehlverhalten bei gleichzeitigem Vorliegen von leichteren Verfehlungen statt umgekehrt. Er signalisiert also, dass er über die Vorgänge im Klassenraum Bescheid weiß. Die Schüler glauben und wissen, dass er alles mitbekommt. Die zweite Dimension lautet „Überlappung", d. h. die Lehrkraft ist zur parallelen Steuerung von mehreren Vorgängen im Klassenzimmer fähig (in der Computersprache würde man heute sagen „multitasking"). Die dritte Dimension lautet „Reibungslosigkeit", d. h. es gibt keine Brüche, keine Verkürzungen, keine thematischen Inkonsequenzen, keine Unentschlossenheit, was zu tun ist, sondern die gesamte Unterrichtsstunde ist wie aus einem Guss, eines baut auf das Andere auf - eine Eigenschaft, die man als Lehrer/Lehrerin natürlich durch gute Vorbereitung erreicht (s. oben, dort wurde darauf ja schon hingewiesen). Die vierte Dimension heißt „Schwung", womit das Fehlen von Verzögerungen, wie etwa Überproblematisierungen von Verhaltensweisen der Schüler, von Arbeitsmaterialien etc. gemeint ist. Die fünfte Dimension heißt „Aufrechterhaltung des Gruppenfokus", worunter eine Gruppenmobilisierung (d. h. alle fühlen sich angesprochen), ein hoher Beschäftigungsradius (möglichst viele Schüler in einer Unterrichtsstunde sind „on task") und das Rechenschaftsprinzip (alles was ich mache, wird von jemand anderem kontrolliert, z. B. vom Partner oder auch vom Lehrer) verstanden wird. Die anderen Dimensionen wie „programmierte Überdrussvermeidung" sowie „Valenz und Herausforderung" ergänzen die

Management-Dimensionen um eher inhaltliche, didaktische Qualitäten wie interessante Arbeitsblätter bzw. Gruppenaufgaben, stimulierendes und enthusiastisches Lehrerverhalten etc. Die genannten Dimensionen haben einen im Vergleich zu allen anderen Studien gigantischen Effekt auf den Unterrichtserfolg: Korrelationen von bis zu 0.64 sind, obwohl eine Videostudie, keine Seltenheit. Man kann, ich habe das in schulpraktischen Studien mit meinen Kandidaten erprobt, den Pegel der Mitarbeit von einer Unterrichtsstunde zur anderen deutlich erhöhen und das Fehlverhalten deutlich senken. Man könnte, wenn man diese Dimensionen beherrscht, damit im Zirkus auftreten ... Auch in der Mega-Studie (Zusammenfassung von 812 Metaanalysen) von Hattie (2009) schneidet das classroom management in der Wirkung auf Schulleistung positiv (d=0.52) ab – bei Betrachtung der zentralen Variablen alleine, über die eine Metaanalyse von Marzano (2000) Auskunft gab, eher weit überdurchschnittlich (d=1,42 für withitness). Die Effektgröße d – je höher desto wirkungsvoller – ist vereinfacht ein Anteil der Standardabweichung.

Gruppen zu führen ist eine Kunst – „hervorragende Einzelerzieher versagen, wenn sie eine Gruppe führen" – das wussten schon Pädagogen wie Winnefeld oder Kerschensteiner. Der erste Schritt zur Gruppenführung ist die Erkenntnis, dass Gruppen Nachteile für das Lernen haben. Nach Jahrzehnten der unkritischen Gruppenideologie nahezu ein Sakrileg, das zu behaupten.

Kounin hatte keine Theorie. Er hat sich keine Mühe gegeben zu erklären, warum die Dimensionen so viel Erfolg haben. Er hat nur Zusammenhänge beschrieben. Da er die Videobänder nach einem Abfall der Mitarbeit und einem Anstieg des Fehlverhaltens wieder zurückgedreht hat, also analysierte, was vorher passierte, kann man allerdings seinen Dimensionen eine gewisse kausale Bedeutung nicht absprechen. Insofern lohnt es sich, darüber nachzudenken, warum die Kounin-Dimensionen so wirksam sind. Meine Interpretation: weil sie die Gruppengröße psychologisch verkleinern. Es handelt sich um eine gefühlte Verkleinerung der Gruppe, und jeder Schüler/jede Schülerin hat das Gefühl, mehr von der Lehrkraft zu haben und das Gefühl, dass die große Zahl nicht stört. Gerade durch das Dabeisein und die Aufrechterhaltung des Gruppenfokus wird dieses Gefühl erreicht.

Hieran schließt sich folgende weiterführende Überlegung an: die psychologische Reduzierung der Schulklassengröße hängt von dem Engagement und den Investitionen aller Beteiligten ab. Man kann offenbar den Nachteil der zu großen Zahl kompensieren, es ist also pädagogische Energie nötig, um diesen Nachteil zu kompensieren, und diese Energie kann von vielen Instanzen kommen: Sie könnte vom Schulsystem kommen, indem die Klassen deutlich kleiner gemacht werden, also leichter zu führen wären, sie könnte von den Eltern kommen (die die schulischen Normen tatkräftig unterstützen), von den Sozialarbeitern, Schulpsychologen (die Störungen der Investitionsbereitschaft beheben), sie könnte von den Lehrern kommen, aber sicher auch von den Schülern (indem sie alle brav sind) und den Medien, die zur Verfügung stehen (weil sie zeitweise die individuelle Zuwendung ersetzen). Die Kounin-Dimensionen richten sich an den Lehrer. Die Realisierung der Kounin-Dimension ist anstrengend, weil sie „Lehrerenergie“ verbraucht. Aber auch hier gilt: das „Bescheidwissen“ des Lehrers, einer der wirkungsmächtigsten Faktoren, nutzt nur dann etwas, wenn Schüler diese Tatsache beeindruckt, wenn er begreift: er muss investieren d. h. bereitwillig Folge leisten. Für die Wirkung dieser Dimension ist also Schüleranstrengung nötig. Wer nicht investiert, erzwingt Zusatzinvestitionen der anderen.

Es gibt noch eine zweite Überlegung dazu: alle Unterrichtskonzepte haben ein typisches Investitionsprofil – mal muss der Schüler, mal der Lehrer mehr investieren – also kann man mit allen gute Erfolge erzielen, wenn man sie optimal anwendet. Dazu passt, dass ein Großteil der von Hattie (2009) zusammengestellten Maßnahmen einen positiven Effekt hat. Es geht ja heute nicht mehr nur darum, festzustellen, was wirkt, sondern was *besser* wirkt. Und in der Tat kann man sich viele Unterrichtsformen vorstellen und viele Maßnahmen, in denen die Investitionsbereitschaft der Schüler, die Nachteile des Gruppenlernens zu ertragen und konstruktiv zu nutzen, erreicht werden können. Zum Beispiel durch ein straffes Regelsystem, zum Beispiel durch Hilfslehrer, zum Beispiel auch dadurch, dass die Schüler und Schülerinnen tatsächlich in der Lage sind, selbstständig zu lernen, und es auch alleine wollen. Selbstständigkeit ohne den entsprechenden Willen es auch zu tun, nutzt nichts. Passend zu dieser Überlegung haben Weinert und Helmke (1997, 250) auch herausgefunden, dass die sechs effektivsten Grundschullehrkräfte (gemessen am Lernzuwachs in Mathematik) stellenweise diametral unterschiedlich unterrichtet haben.

Für die grundlegende Kompensationsmöglichkeit gibt es viele Alltagsbeispiele: z. B. wenn ein behinderter Lehrer (Tetraspastiker) seine Behinderung durch verstärktes „peer tutoring“ ausgleicht. Helmke (2006) hat zur Kompensationsmöglichkeit geschrieben: „Es gibt nicht das richtige Profil, das zu erreichen man sich als Lehrperson bemühen sollte, sondern es führen sehr unterschiedliche Wege zum Erfolg. Mit anderen Worten: je nach Talent und Neigung gibt es viele Möglichkeiten zu unterrichten: Schwächen oder Defizite bei einem Merkmal lassen sich auf vielfache – aber nicht beliebige Weise – durch Stärken in anderen Bereichen kompensieren oder substituieren.“ Meine Position ist im Vergleich zu Helmke am besten beschrieben, wenn die jeweilige Methode in Richtung „Vollbeschäftigung im Unterricht“ interpretiert wird, bzw. wenn es darum geht, die psychologische Reduzierung der Gruppengröße zu optimieren. Es gibt also guten Frontalunterricht und schlechten Frontalunterricht. Es gibt guten Gruppenunterricht und schlechten Gruppenunterricht. Es gibt gutes selbstständiges Lernen und schlechtes selbstständiges Lernen. Die Optimierung ist die Aufgabe der Zukunft, nicht die Auseinandersetzung um die richtige Methode überhaupt, sondern um das Wie ihrer Realisierung.

Abschließend ein Hinweis darauf, wie man sich im laufenden Betrieb der Schule als Lehrkraft ändern kann. Wichtig hierfür sind Rückmeldungen. Man kann diese Rückmeldung bürokratisiert mithilfe von vielen Zetteln einholen, man kann Kurse machen, in denen man lernt, seinen Unterricht zu analysieren etc. Die dazu notwendigen Kompetenzen und Aufwendungen sollen überhaupt nicht gering geschätzt werden. Aber es gibt viele Möglichkeiten, die man von jetzt auf gleich in Angriff nehmen kann:

1. Man kann seinen Unterricht mit einem Camcorder aufzeichnen und sich die Aufzeichnung anschließend selber mehrmals ansehen und mithilfe eigener Überlegungen analysieren.
2. Man kann anonyme Schülerrückmeldungen einholen, in den man fragt: „Was kann an meinem Unterricht so bleiben wie bisher?“ und „Was meinst du, kann man an meinem Unterricht noch verbessern?“ Wichtig ist, dass die Rückmeldung der Schüler völlig anonym erfolgt, also auch nicht handschriftlich.
3. Kollegiale Hospitation – „Kollege besucht Kollege“ – eignet sich ebenfalls. Es sollten zwei KollegInnen sein, die sich miteinander vertragen und vielleicht auch an verschiedenen Schulen beschäftigt sind. Die Beobachtung anderer Menschen beim Unterrichten macht viele Verbesserungsmöglichkeiten des eigenen Unterrichts deutlich.
4. Die Schulinspekteure sollten, bevor sie ihre Noten geben, selber einen guten Unterricht vormachen. Wenn es die Schulinspekteure nicht können, sollte man andere Personen finden, die nachweislich einen guten Unterricht vormachen können.

Ohne vorgemachte, gute Beispiele kann man den guten Unterricht nicht lernen: Die Vermittlungsformen Schrift und Sprache sind ungeeignet. Deshalb kann auch dieser Artikel nur einen Impuls zum Nachdenken geben – mehr nicht.

Literatur

Aschersleben, K.: Moderner Frontalunterricht. Frankfurt a. Main: Peter Lang. 1985.

Chi, M. T. H., Bassok, M., Lewis, M. W., Reimann, P., & Glaser, R.: Self Explanations: How students study and use examples in learning to solve problems. Cognitive Science, 13, 145-182. 1989.

Dale, E.: Audio-visual methods in teaching. New York: Dryden. 1954.

Hattie, J. A. C.: Visible Learning, A synthesis of over 800 Meta-Analyses relating to achievement. London and New York: Routledge. 2009.

Helmke, A.:

- Bedingungsfaktoren der Schulleistung. In K. H. Ingenkamp, R. S. Jäger, H. Petillon & B. Wolff (Hrsg.), Empirisch pädagogische Forschung 1970-1990 in der BRD (595-602). Weinheim: Deutscher Studienverlag. 1992a.
- Determinanten der Schulleistung. In G. Nold (Ed.), Lernbedingungen und Lernstrategien. (pp. 23-34). Tübingen: Narr.1992b.
- Was wissen wir über guten Unterricht? Pädagogik, 2, 42-45. 2006.

Helmke, A., & Jäger, R. S., Das Projekt MARKUS. Mathematik Gesamterhebung Rheinland Pfalz: Kompetenzen, Unterrichtsmerkmale, Schulkontext. Landau: Verlag Empirische Pädagogik. 2002.

Helmke, A., & Weinert, F. E., Bedingungsfaktoren schulischer Leistungen. In F. E. Weinert (Ed.), Psychologie des Unterrichts und der Schule (Vol. 3, pp. 71-176). Göttingen: Hogrefe. 1997.

Kounin, J.: Discipline and group management in classrooms. New York u. a.: Holt u. a. 1970.

Kounin, J. S.: Techniken der Klassenführung (Original der deutschen Ausgabe, 1976). Münster: Waxmann 2006.

Marzano, R. J.: A new era of school reform: Going where the research takes us. Aurora, CO: Mid Continent Research for Education and Learning. 2000.

Prenzel, M. u. a. (Ed.): 2006 in Deutschland. Münster: Waxmann. 2008.

Terhart, E.: Has John Hattie really found the holy grail of research on teaching? An extended review of Visible Learning. Journal of Curriculum Studies, 43(3), 425-438. 2011.

Wang, M. C., Haertel, G. D., & Walberg, H. J.: Toward a Knowledge Base for School Learning. Review of Educational Research, 63(3), 249-294. 1993.

Weinert, F. E., & Helmke, A. (Eds.).: Entwicklung im Grundschulalter. Weinheim: Psychologie Verlags Union. 1997.

Bernd Ralle

Schülerlabore im Spannungsfeld zwischen formaler und informeller Bildung

Im Laufe der letzten 15 Jahre sind Schülerlabore zu einem wichtigen Teil naturwissenschaftlich-technischer Bildungserwartung geworden. An die Betreiber dieser Einrichtungen werden allerdings zunehmende Erwartungen gestellt. So wird beispielsweise gefragt, wie die Angebote und die Leistungen von Schülerlaboren in ihren Wirkungen genauer erfasst werden können, wohl wissend, dass die Evaluation von Lernprozessen in außerschulischen Lernstandorten eine komplexe Aufgabe darstellt. Zudem stellt sich die Frage, wie die vielfältigen Angebote von den Schulen wahrgenommen werden. Diesem Beitrag liegt eine Befragung zugrunde, in der Fachlehrkräfte und Schulleiter hinsichtlich ihrer Erwartungen an und ihrer Erfahrungen mit außerschulischen Lernstandorten Auskunft geben. Ausgehend von Literaturbefunden sowie den Ergebnissen dieser Studie werden Vorschläge gemacht, wie die Arbeit von Schülerlaboren möglicherweise effizienter und ökonomischer in den Bildungsgang der Schülerinnen und Schüler integriert werden kann.

1. Erwartungshaltungen an Schülerlabore

In dem Bemühen um eine Verbesserung der naturwissenschaftlichen Bildung hat die Diskussion um die Nutzung und Einbindung von Angeboten naturwissenschaftlicher außerschulischer Lernstandorte in den letzten Jahren stark zugenommen. Eine zentrale Rolle wird dabei den Schülerlaboren zugeschrieben, die den Schülerinnen und Schülern die Möglichkeit bieten sollen, Experimente zu aktuellen naturwissenschaftlichen Themen in einer authentischen Umgebung durchzuführen. Ziel ist nicht zuletzt eine gezielte Nachwuchsförderung durch die Steigerung von Motivation und Interesse in naturwissenschaftlichen und technischen Bereichen (Guderian & Priemer 2008). Als ein Anliegen wird zudem formuliert, dass Lehr-Lernlabore Impulse für die schulische Lernkultur liefern können, indem sie das forschende Lernen stark befördern (Fischer, Niesel & Sjuts 2011).

Schülerlabore sind in unterschiedlichen Umgebungen angesiedelt. Viele von ihnen befinden sich an Universitäten und Großforschungseinrichtungen oder haben zumindest eine starke Nähe dazu. In zunehmendem Maße werden Schülerlabore aber auch von Gemeinden und Städten als eine Ergänzung zu den formalen Lehr-Lernangeboten eingerichtet.

Die Motivationen der verschiedenen Träger für ihr Engagement lassen sich wie folgt skizzieren:

- Mangel an gut ausgebildetem Nachwuchs: Es ist seit Langem bekannt, dass Deutschland auf einen eklatanten Mangel an qualifizierten Nachwuchskräften zusteuert, und zwar insbesondere im Bereich der Naturwissenschaften und der Technik. Dies betrifft nicht allein die akademischen Studienabschlüsse, sondern ebenfalls die sonstigen beruflichen Karrieren. Dieser Mangel droht zu einer Achillesferse für die weitere wirtschaftliche Entwicklung der Bundesrepublik zu werden.
- Verlauf des Schülerinteresses in den Naturwissenschaften: Zwar ist bekannt, dass das Schülerinteresse im Verlaufe der Schulzeit grundsätzlich einer Wandlung unterliegt, besorgniserregend ist jedoch, dass in den naturwissenschaftlichen Fächern, und hier insbesondere in Chemie und in Physik das Interesse überproportional sinkt.
- Geringe Anwendungs- und Kommunikationskompetenz: Im Schulunterricht lernen die Schüler viele Fakten, sie sind jedoch kaum in der Lage, diese in ihrem alltäglichen Leben anzuwenden, sie für Problemlösungen heranzuziehen oder im Alltag sachbezogen zu kommunizieren (Bayrhuber et al. 2004).
- Ein an Alltags- und Lebensweltbezügen orientierter Unterricht führt zu besseren Lernergebnissen: Seit geraumer Zeit ist bekannt, dass das Lernen von Naturwissenschaften in sinnstiftenden Zusammenhängen zu stabileren Lernergebnissen und zu höherem Interesse führt. Die Lehrpläne und die Unterrichtspraxis nehmen diese Erkenntnis nur zögerlich auf (Demuth et al. 2008).
- Schulische Laborexperimente an sich fördern weder das Verstehen naturwissenschaftlicher Inhalte und Denk- und Arbeitsweisen noch das Interesse: Diese bemerkenswerte Erkenntnis ist ebenfalls nicht neu. Eine Berücksichtigung erfordert im alltäglichen Unterricht sowie in der Lehrerbildung allerdings tiefgreifende Änderungen (Bayrhuber et al. 2004; Lunetta, Hofstein & Clough (2007).

Diese und weitere Gründe haben vor etwa 15 Jahren dazu geführt, dass man zur Förderung der naturwissenschaftlich-technischen Interessensbildung begann, eine Ergänzung zum formalen Schulunterricht zu etablieren. Schülerlabore spielten hierbei von Beginn an eine bedeutende Rolle.

Die Entwicklung verlief stürmisch, eine Struktur oder etwa gemeinsame übergeordnete Verpflichtungen waren nicht erkennbar, bzw. dort, wo sie formuliert wurden, trafen sie auf sehr unterschiedliche Rahmenbedingungen und Umsetzungen. Eine begleitende Evaluation der gesamten Entwicklung in ihrer Wechselwirkung zwischen formalen und informellen Lernangeboten wäre daher sehr wünschenswert.

2. Zum Stand der Forschung

Die Schülerlabor-Forschung bezüglich der Wirkungen, Erwartungen und Erfahrungen ist in weiten Teilen noch sehr heterogen. Das hat sicher auch damit zu tun, dass eine Evaluation der Wirkungen von Schülerlaborbesuchen auf das Lernen von Schülern ein außerordentlich komplexes Unterfangen darstellt. Allein die Tatsache, dass Besuche in solchen Standorten meist nicht regelmäßig und kaum in der notwendigen hohen Frequenz erfolgen, sowie die nicht leicht überschaubaren unterrichtlichen und außerunterrichtlichen Einflüsse auf mögliche Kompetenzentwicklungen der Schülerinnen und Schüler machen deutlich, dass aus der bisherigen Praxis der Nutzung von Schülerlaboren belastbare Resultate kaum abzuleiten sind.

In den Wirkungsstudien des Bundesverbandes der Schülerlabore LeLa (Lernort Labor) lassen die vorläufigen Ergebnisse einen kurz- und mittelfristigen positiven Einfluss der Besuche von Schülerlaboren auf die Jugendlichen im Rahmen des Interessenszuwachses sowie der Selbsteinschätzung bezüglich des Lernens und Verstehens von naturwissenschaftlichen Sachverhalten erwarten, wobei geschlechtsspezifische Unterschiede sowie Abweichungen zwischen den Befragten aus der Mittel- und der Oberstufe aufgezeigt werden können (LeLa 2010).

Die Untersuchung von fünf überwiegend physikorientierten Schülerlaboren hinsichtlich der Einschätzung von Schülern ergab eine große Streuung zwischen den Schülerlaboren in allen Variablen. Des Weiteren war ein signifikanter Abfall des Interesses vier Monate nach einem Besuch zu verzeichnen (Engeln 2004).

In den meisten Studien konnte gezeigt werden, dass eine Vor- und Nachbereitung der Besuche im Unterricht kaum stattfindet (Engeln 2004; Pawek et al. 2006; Guderian & Priemer 2008). Mittel- oder gar langfristige Effekte sind jedoch nur zu verzeichnen, wenn die Einbindung der Besuche in den Unterricht intensiv geschieht (Guderian 2007). Nach Brandt (2005) lassen sich bezüglich des Einflusses von Besuchen chemiebezogener Einheiten, abgesehen von kurzfristigen Steigerungen der situationalen Motivation und des Selbstkonzepts, keine Änderungen beobachten. Bezüglich der Schultypen liegen keine signifikanten Unterschiede in der Wirkung eines Schülerlaborbesuchs vor (Brandt 2005; Guderian & Priemer 2008).

Durch eine Evaluierung kognitiver Aspekte bzw. des Wissenserwerbs der Schüler bei einem Besuch eines biologisch orientierten Schülerlabors konnte festgestellt werden, dass das Wissen bei Schülern, die ein Schülerlabor besuchten und dort experimentell tätig wurden, eine geringere Nachhaltigkeit aufweist als bei Schülergruppen ohne Experimente bzw. ohne Schülerlaborbesuch. Dies wird auf die Überlastungseffekte zurückgeführt, die durch ungewohnte experimentelle Tätigkeiten der Schüler resultieren (Cognitive Load-

Theorie), weshalb der Effekt durch Vorbereitungsmaßnahmen oder häufigere Besuche verringert werden könnte (Scharfenberg 2005).

3. Welche Erwartungen und Erfahrungen haben Lehrkräfte und Schulen?

In der Zusammenschau der erwähnten Ergebnisse scheint bei der Frage nach der Wirksamkeit eines Schülerlaborbesuches insbesondere die Lehrkraft von großer Bedeutung zu sein, unter anderem wegen der hohen Bedeutung der Unterrichtseinbindung solcher Besuche. Des Weiteren kann angenommen werden, dass die Schulleiter einen nicht unerheblichen Einfluss auf die Möglichkeiten der Lehrkräfte haben, den Besuch eines außerschulischen Lernortes erfolgreich zu arrangieren. Aus diesem Grunde wurden von uns die Meinungsbilder von Lehrkräften und Schulleitern erhoben, insbesondere im Hinblick auf die mit solchen Besuchen verknüpften Erwartungen und Erfahrungen sowie auf den finanziellen, organisatorischen und personellen Aufwand, der damit verbunden ist (di Fuccia, Schmidt & Ralle 2011). Die Studie umfasste einen Fragebogenteil und einen Interviewteil.

Im Rahmen der Fragebogenstudie wurde im Januar 2009 eine Befragung von 187 Lehrkräften verschiedener Schulformen zu deren Erwartungen und Erfahrungen, die sie mit naturwissenschaftlichen außerschulischen Lernstandorten verbinden, durchgeführt (Abb. 1).

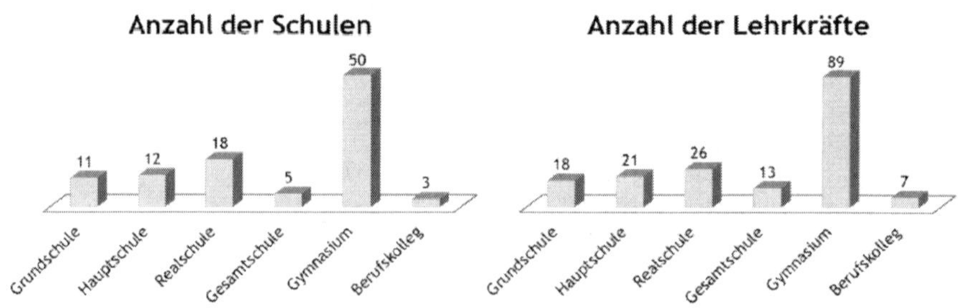

Abb. 1: Verteilung der Schulen und Lehrkräfte

Der Fragebogen umfasste Aspekte, die im Folgenden mit jeweils einer Beispielfrage angegeben sind. Dabei haben wir zwischen den allgemeinen Intentionen der Lehrkraft und dem von ihnen vermuteten Mehrwert für die Schüler unterschieden:

Intention der Lehrkraft

1. Fachliche Gründe
Beispiel: Exkursionen vertiefen immer Themen aus den aktuellen Lehrplänen.
2. Experimentieren
Beispiel: Ich buche Exkursionen nur, wenn die Schüler/innen dort Laborarbeit einüben können.
3. Authentisches Forschen
Beispiel: Bei Exkursionen sollten die Schüler/innen Kontakt zu „echten" Forschern haben.
4. Kontextorientierung
Beispiel: Exkursionsthemen sollten immer einen Bezug zum Alltag der Schüler/innen haben.
5. Besuch und Unterricht
Beispiel: Die Themen einer geplanten Exkursion sollten Bestandteil des Lehrplans sein.
6. Missstände
Beispiel: Ein außerschulischer Lernstandort wird von mir nicht aufgesucht, wenn ich keine genaue Vorstellung vom inhaltlichen Mehrwert habe.

Ziele für die Schüler/innen

Durch den Besuch naturwissenschaftlicher außerschulischer Lernstandorte:
1. Soziales Lernen
Beispiel: ... wird die Teamfähigkeit der Schüler/innen gefördert.
2. Motivation für Schüler/innen
Beispiel: ... werden die Schüler/innen engagierter dem Thema folgen.
3. Experimentieren
Beispiel: ... werden experimentelle Fähigkeiten erworben.
4. Selbsttätigkeit
Beispiel: ... wird das eigenständige Arbeiten der Schüler/innen gefördert.
5. Prozess des wissenschaftspropädeutischen bzw. wissenschaftlichen Arbeitens
Beispiel: ... wird das Diskutieren von Fehlern eingeübt.
6. Fachwissen
Beispiel: ... ist die Theorie des Themas primäres Ziel.
7. Förderung Begabter
Beispiel: ... werden interessierte Schüler/innen speziell gefördert.

Anhand der Erkenntnisse aus der Fragebogenstudie wurde ein Interviewleitfaden zur Beantwortung spezifischerer Fragestellungen entwickelt, welcher zur ergänzenden Erhebung des Meinungsbildes von Lehrkräften und Schulleitern eingesetzt werden konnte.

In der Hauptuntersuchung wurden insgesamt zwölf Schulleiter und 17 Fachlehrer naturwissenschaftlicher Unterrichtsfächer befragt. Die Interviews wurden aufgrund der dort vorzufindenden hohen Angebotsdichte außerschulischer Lernstandorte schwerpunktmäßig im Raum Jülich/Aachen sowie im Bereich Köln/Bonn durchgeführt. In Tabelle 1 sind die jeweiligen Anzahlen der befragten Personen der einzelnen Schulformen dargestellt:

Schulform	**Anzahl der befragten Schulleiter**	**Anzahl der befragten Fachlehrer**
Gymnasium	7	12
Gesamtschule	–	1
Realschule	3	4
Hauptschule	1	1

Tabelle 1: Schulformen der befragten Schulleiter und Fachlehrer

Ein Schwerpunkt der Befragung der Fachlehrer lag – vor dem Hintergrund der oben dargestellten Forschungslage sowie der sich aus den Erkenntnissen der Fragebogenstudie ergebenen Interessensfelder – im Bereich der Einbindung von Besuchen außerschulischer Lernstandorte in den Unterricht. Des Weiteren wurde in den Interviews der Fachlehrer auf eigene Erwartungen und Erfahrungen eingegangen, die mit Besuchen außerschulischer Lernstandorte verbunden sind, während die Schulleiter gezielter zu organisatorischen Sachverhalten, sowie zur Einbindung der außerschulischen Lernstandorte in das Profil der Schulen und der Curricula befragt wurden.

4. Zusammenfassung ausgewählter Untersuchungsergebnisse

4.1 Was sind die Erwartungen an ein Schülerlabor?

Im Allgemeinen zeichnet sich bei den Lehrkräften und bei den Schulleitern eine positive Einstellung gegenüber Besuchen außerschulischer Lernstandorte ab. So empfinden sie derartige Besuche als förderlich für die Schüler und für sich selbst und würden gerne häufiger mit Klassen oder Kursen die Angebote der Einrichtungen nutzen. Als Gründe gegen einen Besuch wurden insbesondere die damit verbundenen Kosten sowie Desinteresse am Thema angegeben (Abb. 2).

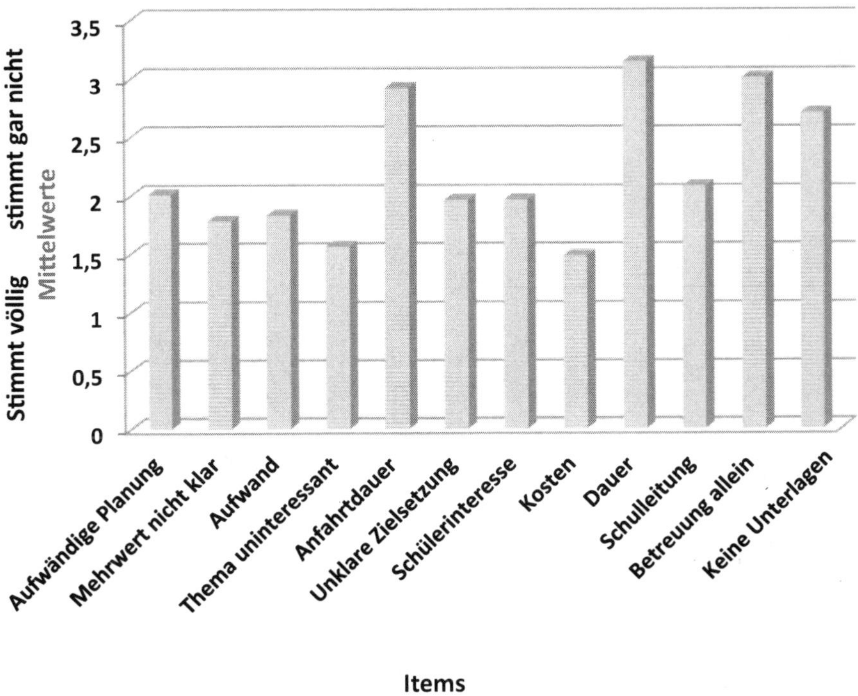

Abb. 2: Gründe gegen den Besuch eines Schülerlabors

Bemerkenswert ist, dass nahezu alle Lehrkräfte und Schulleiter angeben, dass die Steigerung des Interesses bei einem Besuch eines außerschulischen Lernstandortes für sie von höherer Priorität ist als der kognitive Lernzuwachs bei den Schülern. Die befragten Lehrkräfte werden selten aus „rein fachlichen Gründen" zu einem Besuch eines Schülerlabors motiviert. Die angebotenen Themen der Standorte sind nicht immer Teil des Lehrplans und bieten somit kaum die Möglichkeit, Themen des Lehrplans zu vertiefen oder verständlicher zu machen. Der Erwerb von Fachwissen steht nach Einschätzung der Befragten bei einem Besuch eines außerschulischen Lernstandortes somit *nicht* im Vordergrund. Auch das Diskutieren von Fehlern sowie die zielorientierte Kommunikation der Schüler werden nach Ansicht der Befragten nur in einem geringen Maße eingeübt. Ein besonders langfristiger Lernerfolg wird durch die Nutzung derartiger Angebote im Allgemeinen nicht erwartet.

Die Befragten sind zudem überwiegend der Meinung, dass das Experimentieren bei einem Besuch eines außerschulischen Lernstandortes zwar wünschenswert ist, dass primär jedoch das Tagesthema und nicht der Erwerb praktischer Erfahrungen zur Entscheidung beiträgt, den jeweiligen Lernstandort zu besuchen. Schülerlaborbesuche werden daher nicht etwa unternommen, um mit den Schülern die im Lehrplan vorgesehenen Laborexperimente durchzuführen, um daran wissenschaftliches Arbeiten oder die experimentellen Fähigkeiten zu schulen. Ziel eines Besuches ist allenfalls, dass die Schüler anlässlich solcher Besuche Geräte und Methoden kennenzulernen, deren Einsatz in der Schule nicht möglich ist.

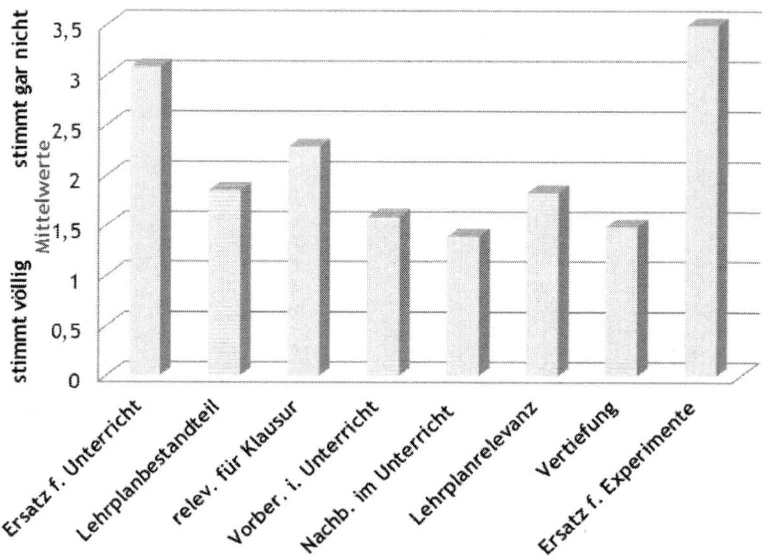

Abb. 3: Einbindung in den Unterricht

Weiterhin lässt sich die Motivation zur Durchführung von Besuchen außerschulischer Lernstandorte nicht darauf zurückführen, dass die Lehrer etwa selbst nicht hinreichend viel Experimentiererfahrung haben und so im Schülerlabor einen Ersatz für Unterricht suchen (Abb. 3).

Eine Schulung sozialer Kompetenzen der Schüler ist für die Lehrkräfte im Grunde ebenfalls kein primäres Ziel eines Besuches außerschulischer Lernstandorte, da abgesehen vom Erlernen des angemessenen Verhaltens im Labor die sozialen Kompetenzen mindestens im gleichen Maße durch kooperative Lernformen im Unterricht gefördert werden können.

Die Tatsache, dass empirisch kaum ein bleibender Lernzuwachs bei den Schülern durch Besuche von Schülerlaboren belegt werden kann, führen die Lehrkräfte wie auch die Schulleiter auf eine zu geringe Einbindung der Lerninhalte in den Unterricht und die dadurch entstehende Wahrnehmung der Besuche als „Ausflug" zurück. Diese Begründung wird jedoch ausschließlich von Gymnasiallehrern genannt. Die befragten Fachlehrer der anderen Schulformen erklären die geringe Nachhaltigkeit durch eine ungenügende Organisation und vor allem durch die wenig adressatengerechte Vermittlung der Lerninhalte außerschulischer Lernstandorte. Da auf letzteren Aspekt nur ein geringer Anteil der befragten Gymnasiallehrer verweist, ist davon auszugehen, dass die Lerninhalte der außerschulischen Lernstandorte für Real- und Hauptschüler nicht hinreichend adressatengerecht aufbereitet werden.

Eine weitere Begründung für die empirisch belegte geringe Nachhaltigkeit von Schülerlaborbesuchen wird in der seltenen Praktizierung derartiger Besuche und die damit einhergehenden Überlastungseffekte gesehen.

4.2 Weichen Erwartungen und Erfahrungen der befragten Lehrkräfte voneinander ab?

Während die gymnasialen Fachlehrer angeben, dass die Erwartungen, die sie heute mit Besuchen außerschulischer Lernstandorte verbinden, durch ihre persönlichen Erfahrungen mit zurückliegenden Besuchen geprägt und eher zurückgenommen sind, geben die befragten Lehrkräfte der anderen Schulformen mehrheitlich an, dass ihre Erfahrungen den Erwartungen entsprechen, die sie vor den Besuchen der außerschulischen Lernstandorte hatten. Da die Gymnasiallehrer die Abweichungen der Erfahrungen von ihren ursprünglichen Erwartungen auf den Bereich des kognitiven Lernzuwachses beziehen, der ihrer Einschätzung nach in geringerem Maße zu verzeichnen ist, als sie es sich erhofft und erwartet hatten, wäre eine Erklärung hierfür, dass die Fachlehrer der anderen Schulformen von vornherein einen nicht allzu großen Lernzuwachs erwarten.

4.3 Was erleichtert oder erschwert die Organisation und die Durchführbarkeit von Besuchen im Schulalltag?

Durch die hohe Frequentierung der Schülerlabore ist es nach Einschätzung der befragten Lehrkräfte und Schulleiter insbesondere aufgrund der geringen Auswahlmöglichkeiten auch langfristig schwierig, den Besuch eines derartigen außerschulischen Lernstandortes so zu planen, dass das dort behandelte Thema in angemessener Form in den Unterricht eingebunden werden kann. Eine kurzfristige Planung eines Besuches – motiviert durch aktuelle Unterrichtsinhalte – ist nahezu unmöglich.

Erleichtert wird die schulische Organisation durch Kooperationsvereinbarungen zwischen Schule und Standort, infolge derer längerfristige Planungen möglich sind. Auch die Durchführung an festgelegten Tagen im Jahr oder außerhalb der „normalen Unterrichtszeit“ erleichtert nach Einschätzung einiger Fachlehrer die Planung in erheblichem Maße.

Durch den Ausfall des fachfremden Unterrichts entsteht sowohl für die Schüler als auch für die Lehrer ein erheblicher Mehraufwand, der jedoch nach Angaben der Fachlehrkräfte und Schulleiter in der Regel nicht dazu führt, dass von Besuchen außerschulischer Lernstandorte Abstand genommen wird. Die Lehrkräfte des Kollegiums zeigen sich im Allgemeinen kooperativ in Hinblick auf den Unterrichtsausfall und den auf sie zurückfallenden Mehraufwand durch notwendige Unterrichtsvertretungen.

Bezüglich einer besseren Organisierbarkeit äußern Lehrkräfte den Wunsch, dass sich die Angebote der außerschulischen Lernstandorte vermehrt auf die Themenbereiche des Lehrplans beziehen sollten, da aufgrund der verkürzten Schulzeit (G8) und des Zentralabiturs kaum Zeit für die Behandlung anderer Themen zur Verfügung steht.

4.4 Welche Bedeutung haben die unterrichtlichen Vor- und Nachbereitungen?

Nach Ansicht der befragten Schulleiter aller Schulformen ist die unterrichtliche Vor- und Nachbereitung von Besuchen außerschulischer Lernstandorte generell unerlässlich, um einen Lernerfolg erzielen zu können. Im Allgemeinen legen auch die befragten Lehrkräfte sehr viel Wert darauf, wenngleich dieses nur in geringem Umfang erfolgen kann, wenn die Themen nicht Bestandteil des Lehrplans sind.

Während sich bezüglich der vom Lernstandort zur Verfügung gestellten Materialien zur Vor- und Nachbereitung bei den befragten Lehrkräften der Gymnasien durchgehend das Meinungsbild abzeichnet, dass diese sinnvoll und wichtig sind, um die Schüler optimal auf die Inhalte, aber auch auf durchzuführende Experimente vorbereiten und die Inhalte gut in den Unterricht integrieren zu können, geben die Fachlehrer der Real- und Hauptschulen überwiegend an, dass zwar eine gezielte Information über vorzubereitende Inhalte nötig ist, dies jedoch meist nicht adressatengerecht aufbereitet wird.

4.5 Gibt es Bedingungen für einen erfolgreichen Verlauf?

Für einen erfolgreichen Verlauf eines Besuches sind nach Einschätzung der befragten Lehrkräfte neben der Unterrichtseinbindung eine freundliche, kompetente Betreuung, eine attraktive, adressatengerechte Aufbereitung der Lerninhalte sowie die Möglichkeit zur Selbsttätigkeit der Schüler Bedingungen. Eine vorherige Information über den Ablauf des Besuches im Sinne eines „Advance Organizers“ wird als förderlich angesehen. Einzelne Schulleiter gaben an, dass klare Verhaltensregeln formuliert werden müssen. Des Weiteren muss eine Transparenz bezüglich der Lernziele und Aufgabenstellungen gegeben sein. Nach Ansicht der Schulleiter tragen auch die Rahmenbedingungen des

Anbieters sowie die bewusste Planung des Besuchs als „Highlight" für die Schüler zum erfolgreichen Verlauf eines Besuches bei.

4.6 Wird über die Besuche und Angebote außerschulischer Lernstandorte im Kollegium kommuniziert?

Die befragten Lehrkräfte tauschen sich nach eigenen Angaben wie auch nach Kenntnis der Schulleiter vor allem im Rahmen offener Gespräche und Reflektionen über den Verlauf der Besuche außerschulischer Lernstandorte untereinander aus. Eine organisierte und damit transparente Rückmeldung und Weitergabe der Erfahrungen beispielsweise innerhalb von Schul- und Fachkonferenzen erfolgt jedoch nur in den seltensten Fällen.

4.7 Welchen Stellenwert hat die Förderung von besonders begabten Schülern?

Die Sichtung und Förderung von besonders talentierten Schülerinnen und Schülern ist nach Ansicht der meisten befragten gymnasialen Lehrkräfte und Schulleiter wichtig und wünschenswert, findet jedoch ihrer Erfahrung nach aktuell bei herkömmlichen Besuchen außerschulischer Lernstandorte kaum statt. Die Möglichkeit einer gezielten Förderung durch die Vergabe von Aufgaben an besonders Begabte und vor allem die Teilnahme einzelner Schüler an gesonderten Veranstaltungen wird als wünschenswert genannt bzw. positiv bewertet.

4.8 Lassen sich über Schülerlaborbesuche Berufsperspektiven vermitteln?

Die Befragten sind durchgehend der Meinung, dass eine Entwicklung von Berufsperspektiven bei einer angemessenen Darbietung durch den Einblick in den wirklichen Forschungsalltag und den Kontakt zu den echten Forschern insbesondere durch Praktika prinzipiell erfolgen könnte. Aufgrund der Einschätzung, dass die „echten" Forscher häufig jedoch nicht dazu in der Lage sind, adressatengerecht zu vermitteln, werden von den befragten Lehrkräften Zweifel daran geäußert, dass bei „normalen" Besuchen außerschulischer Lernstandorte bei den Schülern Berufsbilder und Berufsperspektiven entwickelt werden können. Dies wird unterstützt von den Schulleitern, die in den Schülerlaboren in der Regel keine authentischen beruflichen Umgebungen sehen.

4.9 Sollen Besuche an außerschulische Standorte im Lehrplan berücksichtigt werden?

Lediglich ein Viertel der befragten Fachlehrkräfte erachtet die Einbindung in das schulinterne Curriculum aus organisatorischen Gründen und wegen der daraus resultierenden Chancengleichheit für die Schüler als sinnvoll. Nach überwiegender Meinung der Lehrkräfte und Schulleiter sollte eine solche verpflichtende Einbindung in den Lehrplan nicht erfolgen. Die Besuche sollten auf freiwilliger Basis stattfinden, da sich unter anderem nicht alle Klassen oder Kurse für solche Besuche eignen.

4.10 Wie werden die Möglichkeiten einer gemeinsamen Betreuung von Leistungskursen eingeschätzt?

Die Möglichkeit, einen Leistungskurs unter externer Beteiligung stattfinden zu lassen, wird von den befragten Fachlehrern durchgehend positiv bewertet, wenn die Anreise zum Schülerlabor nicht viel Zeit in Anspruch nimmt. Des Weiteren erfordert eine externe Beteiligung eine sehr genaue Absprache der Lerninhalte, damit diese in angemessener Form in den Unterricht eingebunden und alle Themenbereiche des Lehrplans abgedeckt werden können.

Auch von den Schulleitern wird eine externe Beteiligung an einem Leistungskurs durchgehend positiv bewertet. Allerdings kann diese wegen der zeitlich begrenzten Möglichkeiten durch das Zentralabitur nur unter strenger Anbindung an die Richtlinien erfolgen. Die Verantwortung sollte von den jeweiligen Fachlehrern übernommen werden.

5. Zusammenfassung und Perspektiven

Die Ergebnisse der beschriebenen Studie sind nur begrenzt auf andere Bereiche in Deutschland übertragbar, in denen Schülerlabore im Kontakt mit Schulen agieren; sie weisen jedoch auf wichtige Handlungsfelder im Bereich der Angebote außerschulischer Lernstandorte bzw. der Schülerlabore hin und lassen auch Rückschlüsse hinsichtlich der grundsätzlichen Orientierung der Arbeit von und in Schülerlaboren zu.

So ist in den Schulen eine hohe Bereitschaft vorhanden, Besuche in Schülerlaboren durchzuführen. Die damit verbundenen Erwartungen müssen jedoch zwangsläufig vor dem Hintergrund der Rahmenbedingungen in gewisser Weise enttäuscht werden. So sind die geringe Orientierung der Themen außerschulischer Lernstandorte am Lehrplan und die daraus folgenden Schwierigkeiten bei der Einbindung der Lerninhalte in den Unterricht mögliche Gründe für die geringe Nachhaltigkeit der Lernerfolge. Die Einbindung von Lerninhalten, die vom Lehrplan abweichen, kann aufgrund der strengen Vorgaben und zeitlichen Einschränkungen durch das Zentralabitur und G8 kaum realisiert werden. Zudem ist eine genauere terminliche Absprache aufgrund der Überlastung der Schülerlabore nicht möglich.

Auch der Zielsetzung im Bereich der Vermittlung von Berufsbildern und Berufsperspektiven durch den Einblick in den Forschungsalltag innerhalb der Institute werden enge Grenzen gesetzt, da Authentizität in der Regel in Schülerlaboren allein kaum zu erreichen ist. Eine intensivere Begegnung von Schülern mit Berufsfeldern setzt eine andere Organisationsstruktur und eine veränderte Zielsetzung der Schülerlabore voraus.

Schülerlabore und ihre verantwortlichen Betreiber sollten daher ihre Erfolgskriterien kreativ neu bestimmen. Nicht mehr die Anzahl von Schülern/Kindern, die das Labor besucht haben, kann das alleinige Kriterium für den Erfolg der Arbeit sein.

Die eingesetzten Ressourcen müssen effizienter verwendet werden. Dies kann etwa dadurch geschehen, dass die Aktivitäten der Labore sich mehr zur Begabtenförderung und zur Multiplikatorenschulung verlagern. Es macht wenig Sinn, als „Standardlerngruppe“ immer ganze Schulklassen zu betreuen. Die Kapazitäten der Schülerlabore werden auch bei einem weiteren Ausbau nicht ausreichen, die Dichte von Besuchen einzelner Lerngruppen in einer Weise zu erhöhen, dass tatsächlich nachhaltige und messbare Lernfortschritte erzielt werden. Über Fortbildungen von Lehrkräften sollten vielmehr interessante Themenstellungen in die Schule „zurückverlagert“ werden, um die Attraktivität des naturwissenschaftlichen Unterrichts in den Schulen zu erhöhen.

Eine inhaltliche und organisatorische Abstimmung mit den Lehrkräften im Einzugsbereich Labore kann helfen, besonders interessierte und begabte junge Menschen zu identifizieren, die dann eine bevorzugte Förderung im Schülerlabor erhalten. Dabei sind keine schulischen Kernthemen vorwegzunehmen oder nachzuahmen, sondern eher darauf aufzubauen. Mehrmalige und systematisch aufbauende Angebote – auch außerhalb der Schulzeiten – sollten zu diesem Zweck angeboten werden. Aus einem solchen Szenario heraus ist es dann auch möglich, Berufsbilder bei den Schülerinnen und Schülern zu schärfen, in dem besonders Interessierte und Begabte Zugänge zu authentischen Arbeitsfeldern erhalten.

Und nicht zuletzt sollte, wo immer möglich, für den Betrieb des Schülerlabors eine Integration in die Lehrerbildung vorgenommen werden. Die Arbeit in solchen Laboren eröffnet Lehramtsstudierenden eine gute Möglichkeit, ihre Kompetenzen in einem geschützten Raum zu schulen.

Literatur

Bayrhuber, H., Ralle, B., Reiss, Chr., Schön, L.-H., Vollmer, H. J. (Hrsg.) (2004): Konsequenzen aus PISA – Perspektive der Fachdidaktiken. – Innsbruck: Studienverlag.

Brandt, A. (2005): Förderung von Motivation und Interesse durch außerschulische Experimentierlabors. Göttingen: Cuvillier Verlag.

Demuth, R., Gräsel, C., Parchmann, I. & Ralle, B. (2008): Vom Innovationsprojekt zu nachhaltigen Kooperationsstrukturen – Transfer einer Implementationsstrategie am Beispiel von Chemie im Kontext. Münster, Waxmann.

Engeln, K. (2004): Schülerlabors: authentische, aktivierende Lernumgebungen als Möglichkeit, Interesse an Naturwissenschaften und Technik zu wecken. Berlin: Logos Verlag.

Fischer, A., Niesel, V & Sjuts, J. (2011): Lehr-Lernlabore und ihre Bedeutung für Schule und Lehrerbildung, www.diz.uni-oldenburg.de/olaw

Guderian, P. (2007): Wirksamkeitsanalyse außerschulischer Lernorte – Der Einfluss mehrmaliger Besuche eines Schülerlabors auf die Entwicklung des Interesses an Physik. Humboldt-Universität zu Berlin.

Guderian, P. & Priemer, B. (2008): Schülerlabore, was soll das alles? In: Höttecke, D. (Hg.): Kompetenzen, Kompetenzmodelle, Kompetenzentwicklung. Berlin: LIT Verlag Dr. W. Hopf.

LeLa (2010). Homepage: Lernort Labor – Zentrum für Beratung und Qualitätsentwicklung (LeLa), http://www.lernort-labor.de (Stand: 22.03.2011).

Lunetta, V. N., Hofstein, A. & Clough, M. P. (2007): Learning and Teaching in the School Science Laboratory: An Analysis of Research, Theory and Practice, In: Handbook of Research on Science Education, Chapter 15, 393-441, New Jersey: Lawrence Erlbaum Associates.

Pawek, C., Hillebrandt, D. & Euler, M. (2006): Wie wirken Schülerlabore auf Jugendliche. In: Pitton, A. (Hrsg.), Gesellschaft für Didaktik der Chemie und Physik (GDCP), Jahrestagung in Paderborn 2005, Lehren und Lernen mit neuen Medien. Münster: Lit Verlag, 257-259.

Scharfenberg, F. (2005): Experimenteller Biologieunterricht zu Aspekten der Gentechnik im Lernort Labor: empirische Untersuchung zu Akzeptanz, Wissenserwerb und Interesse. Universität Bayreuth.

Schmidt, I., di Fuccia, D.-S. & Ralle, B. (2011): Außerschulische Lernstandorte – Erwartungen, Erfahrungen und Wirkungen aus der Sicht von Lehrkräften und Schulleitungen, MNU 64/6, 362-369.

Marcus Hasselhorn

Wie Kinder lernen: Individuelle Voraussetzungen des erfolgreichen Erwerbs von Lesen, Schreiben und Rechnen

Für eine langfristig erfolgreiche Teilhabe an unserer Gesellschaft müssen Kinder Lesen, Schreiben und Rechnen lernen. Der Erfolg des Lernens beim Erwerb der Schriftsprache und der Arithmetik hängt von einer Reihe allgemeiner und spezifischer kognitiver Voraussetzungen ab. In den letzten Jahrzehnten wurden spezifische Vorläuferkenntnisse und -fertigkeiten der Schriftsprache sowie einige mathematische Basisfertigkeiten identifiziert, die besonders relevant sind. Gemeinsam mit der Funktionstüchtigkeit des Arbeitsgedächtnisses sind sie mitentscheidend dafür, wie gut Kinder Lesen, Schreiben und Rechnen lernen. In diesem Beitrag werden diese individuellen Voraussetzungen erfolgreichen Lernens skizziert, und es wird beispielhaft aufgezeigt, welche Möglichkeiten der Diagnostik der individuellen Verfügbarkeit relevanter Voraussetzungen bestehen und welche Präventions- und Fördermöglichkeiten nachweislich geeignet sind, bei ungünstigen Voraussetzungen und unzureichenden Lernfortschritten Abhilfe zu schaffen.

1. Allgemeine individuelle Voraussetzungen erfolgreichen Lernens

Erfolg von Lernen hängt nicht nur von geeigneten Lernangeboten ab, sondern auch von einer Reihe individueller Voraussetzungen, die sich grob in kognitive und motivational-volitionale unterscheiden lassen (Hasselhorn & Gold, 2013). Unter kognitiven Voraussetzungen erfolgreichen Lernens versteht man die verfügbaren Funktionen und Inhalte des Gedächtnissystems, die die Quantität und Qualität der potenziell möglichen Verarbeitungsprozesse bestimmen. Die kognitiven Voraussetzungen eines Individuums sind entscheidend dafür, was wie lernbar ist. Verändern diese sich z. B. mit dem Alter, so verändert sich auch das Lernpotenzial. Bis etwa zum Alter von neun Jahren sind die Veränderungen in der selektiven Aufmerksamkeit und der Funktionstüchtigkeit des Arbeitsgedächtnisses sowie in der Verfügbarkeit von Wissen von entscheidender Bedeutung.

Ohne die selektive Auswahl von Informationen, denen wir unsere Aufmerksamkeit widmen, würden wir wegen Informationsüberflutung kaum etwas lernen. Die für absichtliches wie beiläufiges Lernen so wichtige Fähigkeit, die Aufmerksamkeit den für relevant oder interessant gehaltenen Informationen zuzuwenden, entwickelt sich in der Regel schon in den ersten Lebensjahren.

Sie sorgt dafür, dass die mit Aufmerksamkeit bedachten Informationen dann zur weiteren Verarbeitung ins Arbeitsgedächtnis gelangen.

Unter Arbeitsgedächtnis versteht man eine aus mehreren Systemen bestehende interne kognitive Struktur, die es uns ermöglicht, mehrere Informationen vorübergehend zu speichern, simultan bereitzuhalten und miteinander in Beziehung zu setzen. Eine zentrale Exekutive stellt eine Art Supervisionseinheit dar und ist für die Kontrolle, Überwachung und Regulation von ablaufenden Lernprozessen verantwortlich. Hinzu kommen wenigstens zwei modalitätsspezifische Hilfssysteme, von denen das eine für die Verarbeitung visuell-räumlicher Informationen (visuell-räumliches Arbeitsgedächtnis) und das andere für die Verarbeitung sprachlich-akustischer Informationen zuständig ist (phonologisches Arbeitsgedächtnis). Je nach Bedarf sorgt die zentrale Exekutive dafür, dass die Aufmerksamkeit auf Informationen aus der Umwelt oder aus der Wissensbasis gerichtet wird. Für das vorübergehende Speichern von Information sind die modalitätsspezifischen Hilfssysteme verantwortlich.

Für den Erwerb des Lesens und Schreibens – und wie man seit Kurzem weiß, auch des Rechnens – ist das phonologische Arbeitsgedächtnis besonders wichtig, das auch als „Phonologische Schleife“ bezeichnet wird. Diese besteht aus zwei Komponenten. Da ist zum einen ein Klangspeicher. In diese Speichereinheit wird jede akustische und sprachliche Information, die wir hören, auf eine Art „Tonband-endlos-Schleife“ eingelesen. Die wahrgenommenen Informationen werden für etwa zwei Sekunden gespeichert, bevor sie mit neuen Einträgen überschrieben werden. Die zweite Komponente ist eine Art innerer Nachsprechprozess, der dafür sorgt, dass Informationen im Klangspeicher durch Wiederholung auch für größere Zeiträume präsent gehalten werden können.

Die Arbeitsweise der phonologischen Schleife verändert sich im Laufe der Entwicklung. Das „innere wiederholte Nachsprechen“ ist nicht von Anfang an automatisiert. Erst im Alter von fünf Jahren kommt es bei den meisten Kindern zu dessen Automatisierung. Prinzipiell können zwar auch schon jüngere Kinder klangliche Information für mehr als zwei Sekunden aktiv im Fokus der Aufmerksamkeit halten, aber sie tun es nicht spontan bzw. automatisch. Typische Formen des instruierten absichtlichen Lernens werden erst dann effizient, wenn das „innere Nachsprechen“ in der „Phonologischen Schleife“ automatisiert ist.

2. Spezifische Voraussetzungen des erfolgreichen Erwerbs von Schriftsprache und Arithmetik

Neben den skizzierten bereichsübergreifenden Voraussetzungen des Lernens, die sich aus der Funktionstüchtigkeit des Arbeitsgedächtnisses ergeben, kennt man mittlerweile eine Reihe von bereichsspezifischen Vorläufern des erfolgreichen Lernens von Lesen, Schreiben und Rechnen.

2.1 Vorläufer der Schriftsprache

Vor mehr als drei Jahrzehnten haben kanadische, amerikanische und skandinavische Arbeitsgruppen die Entdeckung gemacht, dass man aus der Qualität früher phonologischer Verarbeitung beim Kind vorhersagen kann, wie gut es Lesen und Schreiben lernen wird. Phonologische Verarbeitung ist die Bezeichnung für verschiedene Kompetenzen im Umgang mit der Lautstruktur von Sprache. Neben dem bereits vorgestellten Verarbeiten sprachlich-klanglicher Informationen im Arbeitsgedächtnis lassen sich zwei weitere Komponenten der phonologischen Informationsverarbeitung unterscheiden: die phonologische Bewusstheit und die Geschwindigkeit des Zugriffs auf sprachliche Einträge im Langzeitgedächtnis.

Phonologische Bewusstheit bezeichnet die Fähigkeit, bei der Wahrnehmung, der Verarbeitung, dem Abruf und der Speicherung von sprachlichen Informationen Wissen über die Lautstruktur der Sprache heranzuziehen. Zur phonologischen Bewusstheit gehören die Erkenntnis, dass Sätze aus Wörtern und Wörter aus Silben bestehen und die Fähigkeiten, Reime zu erkennen, Wörter in einzelne Laute zu zerlegen, sowie mehrere Laute zu einem Wort zusammenzufügen. Die Lautanalyse spielt beim Schreiben eine wichtige Rolle, die Fähigkeit zur Lautsynthese ist besonders für das Lesen bedeutsam. Diese höheren Fähigkeiten der phonologischen Bewusstheit werden in der Regel erst im Schriftsprachunterricht erworben, wenn erstmals ausdrücklich die Aufmerksamkeit der Kinder auf die formale Struktur der Sprache gelenkt wird.

Die Geschwindigkeit beim Zugriff auf das Langzeitgedächtnis basiert auf der Fähigkeit, visuelle Symbole in eine lautsprachliche Struktur zu übertragen, um ihre Bedeutung aus den sprachlichen Einträgen im eigenen Langzeitgedächtnis abzurufen. Beim Lesen und Schreiben müssen Zuordnungsregeln von Phonemen zu Graphemen bzw. umgekehrt aus dem Langzeitgedächtnis abgerufen werden.

Neben den Komponenten der phonologischen Informationsverarbeitung hat sich in jüngerer Zeit auch die Vertrautheit mit Schriftsprache und die frühe Kenntnis einzelner Buchstaben als hilfreiche Voraussetzung für den erfolgreichen Einstieg in Lese- und Rechtschreibprozesse herausgestellt.

2.2 Mathematische Basisfertigkeiten

In den letzten Jahren ist die Suche nach analogen basalen Vorläufern der Schulmathematik intensiviert worden. Mittlerweile liegen dazu eine Reihe von theoretischen Entwürfen vor, in denen mathematische Basisfertigkeiten und deren Entwicklung in den ersten Lebensjahren ausführlich beschrieben werden. Besonders überzeugend ist dabei das theoretisch und empirisch fundierte Entwicklungsmodell von Kristin Krajewski, das daher im Folgenden exemplarisch skizziert wird (vgl. ausführlicher Krajewski, 2008).

Bereits in ihren ersten Lebensjahren verfügen Kinder offensichtlich über numerische Basisfertigkeiten (Krajewski spricht von Ebene I). Von Geburt an können sie zwischen Mengen unterscheiden. Dabei scheint es sich jedoch nicht um einen angeborenen „Zahlen-Sinn“ zu handeln, sondern um die Fähigkeit, zwischen dem Umfang und der Ausdehnung von Mengen zu differenzieren. Unabhängig davon beginnen Kinder oft schon vor der Kindergartenzeit mit dem Zählen. Durch die Zählprozedur bringen sie die Zahlen allmählich in ihre exakte Folge. Die Zahlen werden dabei aber noch nicht mit Mengen in Verbindung gebracht, sondern ähnlich dem Alphabet nur aufgesagt.

Werden mit etwa drei Jahren die Basisfertigkeiten miteinander verknüpft, so erwerben Kinder das Anzahlkonzept (Ebene II nach Krajewski) und verstehen, dass hinter Zahlen Anzahlen stehen. Dieses Verständnis entwickelt sich in zwei Phasen. So verstehen schon meist Dreijährige, dass es Zahlen gibt, die mit einer kleinen Menge („wenig“) korrespondieren, und dass andere Zahlen große Mengen („viel“) oder sehr große Mengen („sehr viel“) repräsentieren. Da Kinder hierbei den groben Mengenkategorien gleichzeitig mehrere Zahlen zuordnen (z. B. sind 8 „viel“ und auch 20 „viel“), können sie zu diesem Entwicklungszeitpunkt noch nicht zwischen Zahlen innerhalb der Mengenkategorien unterscheiden und nicht sagen, ob beispielsweise 8 oder 20 „mehr“ ist (unpräzises Anzahlkonzept, Ebene IIa). Dies gelingt ihnen erst später, wenn sie (ausgezählte) Mengen an die exakte Zahlenfolge anordnen (präzises Anzahlkonzept, Ebene IIb). Erst durch diese punktuelle Zuordnung von Mengen und Zahlen erwerben sie das Verständnis, dass aufsteigende Zahlen aufsteigende Anzahlen repräsentieren (8 sind weniger als 20). Unabhängig vom Anzahlkonzept gelangen Kinder zur Erkenntnis, dass Mengen (z. B. viele Käfer) in Teilmengen zerlegt (einige Käfer stehen, einige Käfer liegen auf dem Rücken) und durch Hinzufügen oder Wegnehmen verändert werden können (von allen Käfern fliegen einige weg, es bleiben einige übrig).

Werden diese Beziehungen zwischen Mengen auch mit Zahlen darstellbar, gelangen Kinder zum Verständnis für Anzahlrelationen (Ebene III nach Krajewski) und können einerseits Zahlen zerlegen (von fünf Käfern stehen zwei und liegen drei auf dem Rücken) und andererseits Unterschiede zwischen Mengen (z. B. drei Kinder in der blauen Gruppe gegenüber fünf Kindern in der roten Gruppe) mit Zahlen ausdrücken (zwei Kinder mehr in der roten Gruppe). Da die dritte Ebene bereits ein erstes Verständnis für Rechenoperationen einschließt und in der Regel erst im ersten Schuljahr sicher erworben wird, sind vor allem die ersten beiden Ebenen als mathematische Basisfertigkeiten zu betrachten.

3. Diagnostik, Prävention und Förderung

Der Anteil an Kindern, die schon in den ersten Schuljahren nur unzureichend Lesen, Schreiben und Rechnen lernen, ist in Deutschland in den letzten Jahrzehnten dramatisch angestiegen. Jüngsten Schätzungen zufolge sind bereits Mitte der Grundschule mehr als 20 Prozent der Kinder von solchen Schwierigkeiten betroffen (Fischbach et al., 2013). Ein besonderes Risiko für Lernprobleme beim Erwerb von Lesen, Schreiben und Rechnen haben Kinder aus Familien, in denen nicht die Schulsprache Deutsch gesprochen wird. Aber auch unter den deutschsprachig aufwachsenden Kindern gibt es oftmals deutliche Entwicklungsverzögerungen in den beschriebenen Vorläufern. Fachleute sind daher vermehrt herausgefordert, geeignete Verfahren zur Diagnostik zu entwickeln und Präventions- und Förderprogramme zu konzipieren, zu erproben und in ihrer Tauglichkeit zu überprüfen. In jüngster Zeit sind viele entsprechende Ansätze erarbeitet worden. Zur Qualitätssicherung der dabei entstehenden Produkte und Programme sind entsprechende Reihen aufgelegt worden (z. B. Reihe Tests & Trends, Hogrefe Vorschultests, Hogrefe Förderprogramme), über die man sich jederzeit über aktuelle Entwicklungen informieren kann. Exemplarisch werden im Folgenden ein aktuelles Verfahren zur Differentialdiagnostik der Funktionstüchtigkeit des Arbeitsgedächtnisses, ein Programm zur Prävention von Schwierigkeiten beim Erwerb von Lesen und Schreiben sowie ein Programm zur Förderung mathematischer Basisfertigkeiten vorgestellt.

3.1 Differentialdiagnostik der Funktionstüchtigkeit des Arbeitsgedächtnisses

Die Nutzung des Arbeitsgedächtnisses für die Individualdiagnostik steckt in Deutschland noch in ihren Anfängen. Mit der Arbeitsgedächtnistestbatterie für Kinder zwischen fünf und zwölf Jahren (AGTB 5-12) liegt im deutschen Sprachraum seit Kurzem erstmals eine standardisierte und normierte Testbatterie zur Differentialdiagnostik der Funktionstüchtigkeit des Arbeitsgedächtnisses bei Kindern vor (Hasselhorn et al., 2012). Über eineinhalb Jahrzehnte lang wurde sie entwickelt und erprobt. Die praktische Nützlichkeit konnte in Beratungsstellen für Kinder mit Lernschwierigkeiten wiederholt bestätigt werden.

In der AGTB 5-12 sind vier Subtests zur Erfassung der Funktionstüchtigkeit des phonologischen Arbeitsgedächtnisses enthalten:

1) Ziffernspanne vorwärts (ZSV): Bei dieser Anforderung handelt es sich um eine klassische Gedächtnisspannen-Aufgabe. Zahlenserien von 2 bis 9 Zahlen im Zahlenraum 0-9 sollen direkt nach einer einmaligen akustischen Darbietung in gleicher Reihenfolge wiedergegeben werden.
2) Wortspanne vorwärts einsilbig (WSV1): Hier sollen Wortreihen von 2 bis 9 einsilbigen Wörtern (Topf, Eis, Ball, Stern, Baum, Schuh, Pilz, Haus, Fisch) direkt nach der einmaligen akustischen Darbietung in gleicher Reihenfolge wiedergegeben werden. Auch dieser Subtest – wie auch der nächste – stellt eine Gedächtnisspannen-Anforderung dar.

3) Wortspanne vorwärts dreisilbig (WSV3): Wortreihen von 2 bis 9 dreisilbigen Wörtern (Fernseher, Erdbeere, Eisenbahn, Lichtschalter, Briefkasten, Kneifzange, Schaukelpferd, Zahnbürste, Luftballon) sollen direkt nach der akustischen Darbietung in gleicher Reihenfolge wiedergegeben werden.
4) Kunstwörter nachsprechen (KN): Einzelne nach Sprachregeln und Wortähnlichkeit entwickelte zwei- bis sechssilbige Kunstwörter (z. B. fradorlucke, karflumen, zawo) sollen direkt nach der akustischen Darbietung korrekt wiedergegeben werden, wobei die akustische Darbietung entweder klar oder in leicht verzerrter Form erfolgt.

Außerdem enthält die AGTB 5-12 zwei Subtests zur Erfassung der Funktionstüchtigkeit des visuell-räumlichen Arbeitsgedächtnisses:
1) Matrix-Spanne komplex (MX): Dieser Subtest dient der Erfassung der statisch-visuellen Komponente dieses Subsystems des Arbeitsgedächtnisses. Serien von Bildern einer 4x4-Matrix mit 2-8 ausgefüllten Kästchen werden gezeigt. Nachdem die visuelle Darbietung der Matrix ausgeblendet wird, erscheint auf dem Bildschirm eine 4x4-Matrix ohne ausgefüllte Kästchen. Die Aufgabe der Kinder besteht nun darin, mit dem Finger anzuzeigen, welche Kästchen bei der letzten Darbietung ausgefüllt waren.
2) Corsi-Block-Spanne komplex (CB): Bei dieser räumlich-sequentiellen Span-nenaufgabe, die die kurzzeitige dynamisch-räumliche Informationsverarbeitung erfasst, werden Felder mit 9 unsystematisch angeordneten Blocks gezeigt, auf denen nacheinander auf 2-9 Blocks ein Smiley erscheint. Nachdem die visuelle Darbietung beendet ist, sollen die Blocks nacheinander in der Reihenfolge des Erscheinens der Smileys angetippt werden.

Schließlich dienen die verbleibenden sechs Subtests der AGTB 5-12 der Erfassung verschiedener zentral-exekutiver Funktionen des Arbeitsgedächtnisses:
1) Ziffernspanne rückwärts (ZSR): Zahlenserien von 2 bis 9 Zahlen im Zahlenraum 0-9 sollen direkt nach der akustischen Darbietung in umgekehrter Reihenfolge wiedergegeben werden.
2) Counting Span (CS): Auf Bildern mit Quadraten und Kreisen sollen Kreise gezählt, und es soll sich die Anzahl der Kreise gemerkt werden. Die nacheinander gezählten Kreisanzahlen sollen am Ende einer Bildserie in der vorgegebenen Reihenfolge wiedergegeben werden.
3) Farbspanne rückwärts (FSR): Serien von Bildern mit farbigen Kreisen werden visuell dargeboten. Die Farben sollen benannt und am Ende einer Serie in umgekehrter Reihenfolge aufgesagt werden.
4) Stroop-Aufgabe (ST): Bilder eines Mannes bzw. einer Frau sollen bei gleichzeitiger auditiver Darbietung der Worte „Mann“ oder „Frau“ korrekt per Tastendruck auf dem Bildschirm identifiziert werden.

5) Komplexe Spanne (KS): Serien von Bildern mit Objekten werden gezeigt, die als essbar oder nicht essbar klassifiziert werden sollen. Am Ende einer Serie sollen alle Objekte in der vorgegebenen Reihenfolge wiedergegeben werden.
6) Go-NoGo-Aufgabe (GNG): Serien von Bildern mit verschiedenen Darstellungen einzelner Kinder werden präsentiert. Zu Beginn werden außerdem zwei bzw. drei zu beachtende Kriterien gezeigt. Bei der Darbietung der Kinderdarstellungen soll entschieden werden, ob das zu beachtende Kriterium vorliegt oder nicht, und die Entscheidung per Tastendruck angezeigt werden.

3.2 Prävention von Schwierigkeiten beim Schriftspracherwerb

Eine der größten Erfolgsgeschichten der Pädagogischen Psychologie der vergangenen drei Jahrzehnte ist verknüpft mit dem Konzept, phonologische Bewusstheit im letzten Jahr vor der Schule systematisch zu üben, um damit die Voraussetzungen für den erfolgreichen Erwerb der Schriftsprache zu legen. Eine skandinavische Arbeitsgruppe erregte in den 1980er Jahren Aufmerksamkeit mit einem Feldexperiment in Dänemark. Dort ließen die Wissenschaftler auf einigen Inseln in allen Kindergärten das letzte halbe Jahr die Kinder jeden Tag ca. 15 Minuten lang Übungen zur Klangbewusstheit durchführen; in den Einrichtungen auf anderen Inseln unterblieben diese Übungen. Zwei Jahre später stellte sich heraus, dass auf den Inseln, in denen das systematische Übungsprogramm absolviert wurde, nur halb so viele Kinder Schwierigkeiten beim Erwerb der Schriftsprache zeigten.

Ausgehend von dem dänischen Feldversuch wurden in vielen Ländern der Welt Übungsprogramme zur Förderung der phonologischen Bewusstheit entwickelt und sind heute verbreiteter Standard der frühen Bildung. In Deutschland liegen die von der Würzburger Arbeitsgruppe um Wolfgang Schneider ins Deutsche übertragenen und vielfältig evaluierten Trainingsprogramme „Hören, lauschen, lernen 1“ zur phonologischen Bewusstheit und „Hören, lauschen, lernen 2“ mit zusätzlichen Übungen zur Buchstaben-Laut-Zuordnung vor (vgl. ausführlich Schneider & Marx, 2008). Das erste Trainingsprogramm besteht aus 57 Sprachspielen in sechs Übungseinheiten und soll über einen Zeitraum von 20 Wochen in täglichen Sitzungen von 10-15 Minuten im letzten Kindergartenhalbjahr durchgeführt werden. Das zweite Programm hat zum Ziel, die akustische Wahrnehmung eines Buchstabenlautes mit dessen visueller Repräsentation zu verbinden. Es ist mit acht bis zehn Wochen und ebenfalls 10-15 minütigen Sitzungen etwas kürzer. In groß angelegten Evaluationsstudien haben sich beide Programme als kurz- und langfristig effektiv erwiesen (vgl. zum Überblick Schneider & Marx, 2008), wobei insbesondere die Kombination beider Trainingsprogramme bei Risikokindern zu einer weitgehend normalen Entwicklung während der ersten drei Grundschuljahre geführt hat.

3.3 Förderung der Erwerbsvoraussetzungen für Rechnen

Erste Schritte einer mathematischen Frühförderung zielen auf das Verstehen des Zahlenraumes und auf die Mengenbewusstheit von Zahlen und Zahlrelationen.

Das Würzburger Trainingsprogramm „Mengen, zählen, Zahlen (MZZ)“ zur vorschulischen Förderung der Mengenbewusstheit von Zahlen und Zahlrelationen von Krajewski, Nieding und Schneider (2007) basiert auf dem bereits beschriebenen Entwicklungsmodell des Erwerbs mathematischer Basisfertigkeiten. Es baut systematisch relevantes konzeptuelles Wissen auf und greift auf Darstellungsmittel zurück, die die mathematischen Grundideen besonders gut verkörpern, eine klare Struktur über den Aufbau des Zahlenraums vermitteln und effektive Lösungsstrategien ermöglichen. Im MZZ wird versucht, Kindern spielerisch den Sinn von Zahlen zu vermitteln. Dazu wird die abstrakte Struktur der Zahlen und des Zahlenraumes für Kinder „greif- und sichtbar“ gemacht. In den spielerischen Übungen kommen Materialien zum Einsatz, die die Struktur von Zahlen anschaulich darstellen und verdeutlichen. Hierdurch müssen die Kinder den abstrakten Sinn der Zahlen nicht selbst im Kopf erschließen, sondern sie gelangen durch die Auseinandersetzung mit den Darstellungsmitteln, die sie in die Hand nehmen und vergleichen können, zu grundlegenden mathematischen Erkenntnissen am Gegenstand.

Das Programm beinhaltet drei Förderschwerpunkte. Im ersten Förderschwerpunkt werden numerische Basisfertigkeiten der Kinder (Mengen, zählen, Zahlen; Kompetenzstufe I) geübt und miteinander verknüpft. Im Laufe dieser Übungen sollen die Kinder das Zählen und die Ziffern bis 10 beherrschen und die Bewusstheit erwerben, dass hinter Zahlen Mengen stehen (Anzahlkonzept, Kompetenzebene II). Der zweite Förderschwerpunkt zielt auf das Verständnis der Zahlen als Folge aufsteigender Anzahlen ab (Anzahlordnung, Kompetenzstufe IIb). Hier sollen die Kinder erkennen, dass Zahlen aufgrund ihrer Mächtigkeit (Anzahl) in eine Reihenfolge gebracht und miteinander verglichen werden können. Im dritten Schwerpunkt soll den Kindern dann vermittelt werden, dass Zahlen Beziehungen zueinander aufweisen. Sie sollen zu der Einsicht gelangen, dass sich Zahlen in andere Zahlen zerlegen und aus ihnen zusammensetzen lassen und dass der Unterschied zwischen zwei Zahlen wieder eine Zahl ist (Teil-Ganzes-Beziehungen und Anzahlunterschiede, Kompetenzstufe III). Die Förderung dieser Erkenntnisse wird durch visuelle Darstellungsmittel und adäquate verbale Beschreibungen unterstützt. Die Kinder werden hierdurch angeleitet, Gesetzmäßigkeiten von Zahlen nicht nur visuell zu erfassen (z. B. größere Anzahlen nehmen mehr Fläche ein), sondern sich diese Gesetzmäßigkeiten über die Sprache auch bewusst zu machen und zu begründen (z. B.: „4 ist größer als 3, denn zur 4 gehören mehr Dinge als zur 3.“). Die generelle Wirksamkeit des Trainings konnte mittlerweile vielfach eindrucksvoll belegt werden.

4. Fazit

Das Beherrschen von Lesen, Schreiben und Rechnen ist für die erfolgreiche Teilhabe an unserer Gesellschaft eine der wichtigsten Voraussetzungen. Umso besorgniserregender ist es, dass schon in der Mitte der Grundschulzeit mehr als 20 Prozent der Kinder hier erhebliche Defizite aufweisen. Geradezu alarmierend sind jüngere Zahlen, denen zufolge mehr als 14 Prozent der Erwachsenen in Deutschland funktionelle Analphabeten und nicht in der Lage sind, Schriftsprache zur Verarbeitung von Informationen zu nutzen. Der vorliegende Beitrag zeigt auf, welche individuellen Voraussetzungen mittlerweile identifiziert wurden, die für den Erfolg oder Misserfolg beim Erwerb dieser grundlegenden schulischen Fertigkeiten entscheidend sind. Um diese Forschungsergebnisse für eine frühzeitige Unterstützung individueller Lernprozesse zu nutzen, bedarf es entsprechender diagnostischer Verfahren und Förderansätze, von denen einige – eher exemplarisch – ebenfalls in diesem Beitrag vorgestellt werden, in der Hoffnung, dass sie zunehmend in der Bildungspraxis genutzt werden, um immer mehr Kinder zu einer hinreichenden Beherrschung von Lesen, Schreiben und Rechnen zu führen.

Literatur

Fischbach, A., Schuchardt, K., Brandenburg, J., Klesczewski, J., Balke-Melcher, C., Schmidt, C., Büttner, G., Grube, D., Mähler, C. & Hasselhorn, M. (2013): Prävalenz von Lernschwächen und Lernstörungen: Zur Bedeutung der Diagnosekriterien. Lernen und Lernstörungen, 2, 65-76.

Hasselhorn, Marcus, Gold, Andreas (2013): Pädagogische Psychologie. Erfolgreiches Lernen und Lehren (3. Aufl.), Stuttgart: Kohlhammer.

Hasselhorn, M., Schumann-Hengsteler, R., Gronauer, J., Grube, D., Mähler, C., Schmid, I., Seitz-Stein, K., Zoelch, C. (2012): Arbeitsgedächtnistestbatterie für Kinder von 5 bis 12 Jahren (AGTB 5-12), Göttingen: Hogrefe.

Krajewski, Kristin (2008): „Vorschulische Förderung mathematischer Kompetenzen“, in: Angewandte Entwicklungspsychologie, hg. v. Franz Petermann und Wolfgang Schneider, Göttingen: Hogrefe, S. 275-304.

Krajewski, K., Nieding, G., Schneider, W. (2007): Mengen, zählen, Zahlen: Die Welt der Mathematik entdecken (MZZ), Berlin: Cornelsen.

Schneider, Wolfgang, Marx, Peter (2008): „Früherkennung und Prävention von Lese-Rechtschreibschwierigkeiten“, in: Angewandte Entwicklungspsychologie, hg. v. Franz Petermann und Wolfgang Schneider, Göttingen: Hogrefe, S. 237-273.

ANDREAS GOLD

Gleich oder gerecht? Wie man Kinder individuell fördern kann

Ungleichheiten in der Bildungsbeteiligung und in den Bildungsergebnissen werden oftmals zum Anlass genommen, mehr Bildungsgerechtigkeit und Chancengleichheit einzufordern. Allerdings führt der Verweis auf das Gleichheitsprinzip leicht in die Irre, weil doch die fortschreitende Ausdifferenzierung von Ungleichheiten zu den Aufgaben von Schule und Unterricht gehört. Weder als Bildungsziel noch als pädagogisches Mittel zur Zielerreichung ist Gleichheit tauglich. Das Gleichheitsprinzip versperrt vielmehr den Blick auf die realen Aufgaben und Möglichkeiten von Schule und Unterricht zur Förderung und Optimierung von Bildungsprozessen und zum angemessenen Umgang mit vorhandenen Ungleichheiten (Gold, 2011b). Notwendig ist eine individuelle Lernförderung, die möglichst alle Kinder und Jugendlichen an ihr persönliches Optimum heranführt. Eine bedarfsgerechte individuelle Lernförderung kann aber nicht gleich, sondern nur ungleich angelegt sein.

Zum Aufbau meines Beitrags: Zunächst wird der Blick auf das Ausmaß von Ungleichheiten im Allgemeinen und auf die ungleichen Bildungsergebnisse im Besonderen gerichtet. Auf der Suche nach den Ursachen ungleicher Bildungsergebnisse wird anschließend auf die Bedeutsamkeit der individuellen Lernvoraussetzungen, auf die Rolle der häuslichen Lernumgebung und auf die institutionellen Strukturen von Schule und Unterricht verwiesen. Dann wird die Prozessqualität von Unterricht behandelt, weil sich an der Art des pädagogischen Umgangs mit vorhandenen Ungleichheiten leicht illustrieren lässt, dass eine bedarfsgerechte Intervention nicht gleich, sondern ungleich ausfallen muss. Weshalb mit Maßnahmen individueller Lernförderung bereits im Vorschulalter begonnen werden sollte, wird abschließend dargestellt.

1. Ungleiche Bildungsvoraussetzungen und ungleiche Bildungsergebnisse

Kinder unterscheiden sich von Anfang an. Neugeborene sind in Deutschland im Mittel 3.400 Gramm schwer und 51 Zentimeter lang, Mädchen sind aber etwas leichter und kleiner als Jungen. In Mecklenburg-Vorpommern und in Schleswig-Holstein sind die Neugeborenen schwerer und länger als im Saarland und in Baden-Württemberg. Nach einer normal langen Schwangerschaft gibt es jeweils 3 Prozent der Neugeborenen, die weniger als 2.500 oder mehr als 4.000 Gramm wiegen. Unterschiede im Geburtsgewicht sind für die späteren Bildungsverläufe ohne Bedeutung. Erst eine extreme Untergewichtigkeit des Neugeborenen, wie sie bei Geburten vor der 32. Woche vorkommt, geht mit einem deutlich erhöhten Risiko für spätere Lern- und Entwicklungsstörungen einher.

Kinder unterscheiden sich natürlich nicht nur im Geburtsgewicht, sondern in einer Reihe von Merkmalen, die für das schulische Lernen von Bedeutung sind. Dazu gehören aus kognitionspsychologischer Sicht die individuellen Voraussetzungen erfolgreichen Lernens wie die Funktionstüchtigkeit des Arbeitsgedächtnisses und die Aufmerksamkeit, die motivationalen Dispositionen und das Selbstkonzept eigener Fähigkeit, die Kenntnis und der Einsatz von Lernstrategien und das Ausmaß des bereits vorhandenen Wissens, um nur die wichtigsten zu nennen. Kurz gesagt: Kinder unterscheiden sich in ihren Lernfähigkeiten. Hinzu kommt, dass die Entwicklungsgeschwindigkeiten unterschiedlich sind, sodass zu einem gegebenen Zeitpunkt – nehmen wir etwa den Zeitpunkt des Schuleintritts – Kinder gleichen Alters hinsichtlich ihrer Lernvoraussetzungen unterschiedlich weit entwickelt sind. Dass Jungen häufiger als Mädchen verspätet eingeschult werden zeigt, dass Eltern dies auch wissen und bei ihren Entscheidungen berücksichtigen. Dass die Rückstellungen bei Kindern aus niedrigeren sozialen Schichten sowie aus Zuwanderungsfamilien ebenfalls häufiger zu beobachten sind, lässt sich entwicklungspsychologisch nicht so leicht erklären. Mit der sozialen und ethnischen Herkunft der Kinder hängt aber zusammen, wie günstig und lernanregend ihre häuslichen Lernumwelten sind. Bildungssoziologen, wie z. B. der Franzose Pierre Bourdieu, haben den Einfluss und die Entwicklung solcher Ungleichheiten (primäre Herkunftseffekte) auf die individuellen Bildungsverläufe beschrieben.

Bei all diesen primären Ungleichheiten wundert es nicht, dass auch die Bildungsergebnisse ungleich sind. Etwa 7,5 Prozent der 15- bis 17-Jährigen verlassen die Schule ohne Hauptschulabschluss – bei den Mädchen ohne Migrationshintergrund sind es aber nur 5 Prozent und bei den Jungen aus Zuwanderungsfamilien 18 Prozent. Knapp 19 Prozent der Jugendlichen erreichten in PISA 2009 höchstens die unterste Stufe der Lesekompetenz – dabei gelten nur 14 Prozent der Jugendlichen ohne Migrationshintergrund als sehr schwache Leser, aber 35 Prozent der zugewanderten. Das gilt übrigens in ähnlicher Weise für die mathematischen und die naturwissenschaftlichen Kompetenzen. Mehr als 80 Prozent der Kinder aus den höheren sozialen Schichten erhalten eine Gymnasialempfehlung – bei den Kindern aus den niedrigeren Sozialschichten sind es weniger als 20 Prozent. Die Wahrscheinlichkeiten, eine Klasse wiederholen zu müssen oder eine Diagnose sonderpädagogischen Förderbedarfs zu erhalten, sind für männliche Kinder und Jugendliche, für solche aus niedrigeren sozialen Schichten sowie aus Zuwanderungsfamilien deutlich höher als in den jeweiligen Referenzgruppen.

Ungleichheiten solchen Ausmaßes sind problematisch. Zum einen, weil es zu viele Kinder und Jugendliche gibt, die Mindeststandards verfehlen und eine Mindestqualifikation nicht erwerben. Zum anderen, weil die Bildungsarmut so stark mit dem Geschlecht, der sozialen und der nationalen Herkunft der Schüler zusammenhängt. Wo Ungleichheiten des Bildungserfolgs in einem Missverhältnis zu den Anteilen in der Grundgesamtheit stehen, spricht man von sozialen, ethnischen oder auf das Geschlecht bezogenen Disparitäten. Sie werden gemeinhin als Bildungsungerechtigkeiten empfunden. Ungerecht erscheint uns das statistische Ungleichgewicht, wo doch eine Ungerechtigkeit im Sinne formeller Restriktionen gar nicht mehr besteht. Denn der Zugang zu Bildung und zum Bildungserfolg steht in gleicher Weise allen offen – ungeachtet ihrer Geschlechtszugehörigkeit und Konfession, der sozialen und der ethnischen Herkunft.

Der französische Soziologe Raymond Boudon hat in die Ungleichheitsdiskussion den Begriff der sekundären Herkunftseffekte eingeführt, um zu erklären, warum es neben dem primären Effekt der sozialen Herkunft auf die Kompetenzentwicklung, der oben mit Verweis auf Bourdieu bereits erwähnt war, einen weiteren Effekt gibt, der sich daraus speist, dass Eltern unterschiedlicher Sozialschichten auch bei gleichem Leistungsvermögen ihrer Kinder unterschiedliche Schullaufbahnentscheidungen treffen. Eltern aus niedrigeren Sozialschichten entscheiden sich eher gegen einen gymnasialen Bildungsweg für ihre Kinder – auch dann, wenn die bisherigen schulischen Leistungen eine Gymnasialzuweisung nahelegten. Spiegelbildlich einer vergleichbaren Logik folgen die Eltern aus den höheren Sozialschichten, die selbst dann eine Gymnasialentscheidung für ihr Kind treffen, wenn die bisherigen Schulleistungen das nicht unbedingt rechtfertigen. Empirische Daten aus Übergangsstudien haben diese These im Großen und Ganzen bestätigt.

2. Ursachen ungleicher Bildungsergebnisse

Wie kommen die Ungleichheiten in der Bildungsbeteiligung und bei den Bildungsergebnissen zustande? Wieso kann das Bildungssystem so wenig gegen herkunftsbedingte primäre und sekundäre Ungleichheiten tun? Die empirische Bildungsforschung sieht die Bedingungsfaktoren ungleicher Bildungsergebnisse und die Möglichkeiten zur Intervention auf den folgenden drei Ebenen:

- bei den ungleichen individuellen Lernvoraussetzungen,
- bei den ungleichen Unterstützungsqualitäten der häuslichen Lernumgebungen,
- in strukturellen und instruktionalen Bedingungen von Schule und Unterricht.

Die beiden erstgenannten Ebenen werden im Folgenden nur kurz abgehandelt, ebenso die schulstrukturelle, also die Organisation des Schulsystems betreffende Ebene. Denn das eigentliche Thema ist der schul- und elementarpädagogische Umgang mit Ungleichheiten. Und damit die Frage, wie die Maßnahmen der individuellen Förderung beschaffen sein müssen, um den vorgefundenen Ungleichheiten gerecht zu werden. Zunächst aber kurz zu den ungleichen Lernvoraussetzungen und den ungleichen häuslichen Lernumgebungen.

Dass ungleiche individuelle Lernvoraussetzungen ungleiche Lernergebnisse nach sich ziehen, darf nicht überraschen. Weil kognitive, motivationale und volitionale Merkmale wichtige Einflussgrößen des Lernens sind, ist es nur folgerichtig, dass unterschiedliche Merkmalsausprägungen auch mit Unterschieden in der Lern- und Leistungsentwicklung und im Bildungserfolg einhergehen. Ein wichtiger Mechanismus dabei ist, dass sich anfänglich günstigere Lernvoraussetzungen nicht nur von Beginn an in einer vorteilhafteren Lernentwicklung niederschlagen, sondern dass die kumulativ erworbenen Kenntnisse und Fertigkeiten ihrerseits erneut zu wichtigen individuellen Lernvoraussetzungen werden. Unterschiedliche Bildungserfolge können demnach als Auswirkungen unterschiedlicher Begabungen oder Leistungspotenziale und als Nutzung dieser Potenziale angesehen werden.

Mehr als die Begabungstheorien und die kognitionspsychologischen Modelle nähren seit jeher die milieu- oder herkunftstheoretischen Erklärungen den Verdacht, ungleiche Bildungsergebnisse seien ungerecht. Bourdieus Theorie der sozialen Ungleichheit geht davon aus, dass mit der Zugehörigkeit zu einer sozialen Schicht Unterschiede in der Verfügbarkeit ökonomischer, sozialer und kultureller Ressourcen verbunden sind, und dass diese Ressourcen bei der schulischen Reproduktion sozialer Ungleichheit eine gewichtige Rolle spielen. Am wichtigsten ist dabei das kulturelle Kapital einer Familie. Es bemisst sich an der Verfügbarkeit von Bildungsgütern und an der Zugänglichkeit zu Bildung. Ob sprachliche und schriftsprachliche Anregungen sowie musische und künstlerische Anreize zur Verfügung stehen und genutzt werden, ist eine Frage des kulturellen Kapitals. All dies ist bedeutsam, weil das erfolgreiche Durchlaufen von Schule genau jene Kompetenzen voraussetzt, die durch die familiäre Übertragung von Kulturkapital befördert werden.

Nun darf man den Eltern gewiss nicht den Vorwurf machen, dass sie ihre verfügbaren Ressourcen gezielt einsetzen, um die Lernvoraussetzungen und die Lernfortschritte ihrer Kinder zu befördern und deren Bildungsweg zu erleichtern. Allerdings: Wo häusliche Unterstützung dringend notwendig wäre, aber ausbleibt, wird die schulische Lernentwicklung oft hinter dem Möglichen zurückbleiben. Man mag hier die Frage stellen, wieweit es Aufgabe der Schule oder vorschulischer Einrichtungen ist, die Reproduktion der familiär bedingten Ungleichheiten zu durchbrechen. Eine ganz andere Frage ist, ob sie über die dazu notwendigen Instrumentarien überhaupt verfügt.

Dass es dem Bildungssystem nicht genügend gelingt, primäre Ungleichheiten auszugleichen oder zu verringern, ist problematisch genug. Zusätzlich wird aber der Vorwurf erhoben, soziale Disparitäten könnten durch die Struktur eines Bildungswesens sogar begünstigt oder akzentuiert werden. Hinsichtlich der Schulorganisation richtet sich der Verdacht vor allem auf die Schnittstellen (Übergänge) des Bildungssystems, also auf die Einschulung und auf den Übertritt in das differenzierte Sekundarschulwesen. Der Besuch einer höherwertigen Schulform und der Erwerb eines Abiturs sind mit günstigeren beruflichen und ökonomischen Perspektiven verbunden. Aus den Studien des Max-

Planck-Instituts für Bildungsforschung wissen wir, dass es einen bedeutsamen Einfluss der sozialen Herkunft auf das Entscheidungsverhalten der Eltern gibt – den so genannten sekundären oder aspirationsbedingten Herkunftseffekt –, der noch größer ist, als der primäre Herkunftseffekt: Eltern, die kein Abitur haben, entscheiden sich nämlich häufig gegen einen Gymnasialbesuch ihrer Kinder, selbst wenn eine Gymnasialempfehlung vorliegt. Um solche sekundären Herkunftseffekte an den Übergängen zu verringern, könnte man das Entscheidungsrecht der Eltern einschränken. Der von Jürgen Baumert geleitete Expertenrat „Herkunft und Bildungserfolg" (2011) geht einen anderen Weg und hat das Instrument einer „expliziten Förderungsgarantie" vorgeschlagen, um den bildungsfernen Eltern die Sorge zu nehmen, sie könnten ihr Kind bei etwaigen Lernproblemen am Gymnasium nicht hinreichend unterstützen.

Es kommt nun in der bildungswissenschaftlichen Diskussion eine interessante Zusatzannahme ins Spiel. Die Annahme nämlich, dass mit der fristgemäßen Einschulung (anstelle einer Rückstellung) und mit dem Übertritt in eine höherwertige Sekundarschulform (anstelle der Hauptschule) der Vorteil einer günstigeren Lernumgebung und einer besseren Lernförderung verbunden sei. Mit anderen Worten: dass die Lernförderung in der ersten Grundschulklasse besser ist als im Kindergarten und dass die Lernförderung in einer Gymnasialklasse besser ist als in den Klassen anderer Schulformen.

Damit sind wir schon fast auf der Ebene des Unterrichts angelangt. Wie sich Schülerinnen und Schüler in ihren individuellen Lernvoraussetzungen und nach ihrer Herkunft unterscheiden, gibt es auch unterschiedlich kompetente Lehrerinnen und Lehrer und unterschiedlich guten Unterricht – und unterschiedlich zusammengesetzte Klassen, in denen unterrichtliche Angebote unterschiedlich gut genutzt werden können. Die Untersuchungen von Jürgen Baumert und Mareike Kunter vom Berliner Max-Planck-Institut für Bildungsforschung haben dazu wichtige Erkenntnisse erbracht. Ungleichheitsrelevant im Hinblick auf die Leistungsentwicklung der Kinder sind unterschiedliche Unterrichtsqualitäten zweifellos – „ungerecht" wären sie dann zu nennen, wenn Kinder je nach sozialer Herkunft in unterschiedlicher Weise von solchen Ungleichheiten betroffen wären. Das wäre der Fall, wenn je nach Schulformen, in denen die Schüler unterschiedlicher Herkunft und mit unterschiedlichen Lernfähigkeiten disproportional vertreten sind, eine unterschiedliche Allokation von Ressourcen vorgenommen würde, wenn Lehrer der unterschiedlichen Schulformen durch die Art ihrer Ausbildung unterschiedlich gut auf ihre Aufgaben vorbereitet würden und wenn an den Schulen bzw. Schulformen demzufolge unterschiedlich gute Lern- und Entwicklungsmilieus herrschten. Wenn also die Kinder aus höheren Sozialschichten eine „bessere" Beschulung bekämen und deshalb einen höheren Leistungszuwachs erführen.

In der Tat gibt es empirische Befunde, die auf solche differenziellen schulischen Lern- und Entwicklungsmilieus an den Schulen und Schulformen hindeuten. Zumindest nimmt die Leistungsentwicklung im Fach Mathematik bei gleichen Lernvoraussetzungen in den Gymnasien (wo die Kinder aus höheren

Sozialschichten häufiger vertreten sind) einen günstigeren Verlauf als in den anderen Schulformen. Und es verdichten sich die Anzeichen, dass eine leistungshomogen-ungünstige Zusammensetzung von Hauptschulklassen (wo die Kinder aus niedrigeren Sozialschichten häufiger vertreten sind) Lern- und Entwicklungsrisiken birgt. In manchen Hauptschulen – vor allem in den Stadtstaaten und in den Großstädten – kann aufgrund einer extrem ungünstigen sozialen und ethnisch-kulturellen Komposition der Schülerschaft gar nicht mehr vernünftig unterrichtet und gelernt werden. Zu Recht kreisen viele der bildungspolitischen Auseinandersetzungen um diese letztgenannten Aspekte.

Die meisten Abhandlungen zur Bildungsgerechtigkeit konzentrieren sich auf die Systemebene. Das ist auch nicht verwunderlich, weil die aus der Bildungspolitik und -administration gestellten Fragen in aller Regel systemische sind: Stichtagsregelungen und Rückstellungen bei der Einschulung, Klassenwiederholungen und das Prinzip der Jahrgangsklassen, Exklusion oder Inklusion von Lernern mit besonderen Bedürfnissen, Ganztags- oder Halbtagsschule, Mehrgliedrigkeit oder Gesamtschule und der richtige Zeitpunkt der institutionellen Differenzierung. Vorschläge zur Verringerung von Ungleichheiten, die auf der Systemebene gemacht werden, laufen im Wesentlichen auf das Gleiche hinaus: Länger gemeinsam lernen, d. h. später – wenn überhaupt – nach Fähigkeiten differenzieren, ganztags unterrichten, Inklusion statt Exklusion. Bildungspolitisch eint sie die Zielsetzung, den Einfluss der Familie auf die Lern- und Leistungsentwicklung zu verringern und die primären sowie sekundären Effekte der sozialen Herkunft möglichst klein zu halten. Unbeantwortet bleibt dabei die pädagogisch-didaktische Frage: Wie gehen wir mit den unterschiedlichen Leistungspotenzialen der Schülerinnen und Schüler am besten um? Wie kann man Kinder individuell fördern?

3. Wie also im Unterricht gerecht mit Ungleichheiten umgehen?

Zunächst gilt es, zweierlei Missverständnisse aufzuklären: Dass guter Unterricht zu mehr Gleichheit führen, also divergenzmindernd wirken solle und dass leistungshomogen zusammengesetzte Lerngruppen grundsätzlich von Vorteil seien, weil Schüler so besser lernen und Lehrer leichter unterrichten könnten. Zum einen haben Erziehungswissenschaftler und pädagogische Psychologen seit Langem darauf hingewiesen, dass die am Prinzip der Bedarfsgerechtigkeit orientierte bestmögliche Förderung jedes einzelnen Schülers bereits vorhandene Differenzen, die in den unterschiedlichen Lernvoraussetzungen ihren Ursprung haben, nicht verringern, sondern vergrößern wird. Und dass es zum Bildungsauftrag von Schule gehört, möglichst alle Lerner möglichst optimal zu unterstützen. Und zum anderen lohnt es sich, auf Zwischentöne und Differenzierungen hinzuweisen, wenn es um die Forderung nach der Homogenisierung von Lerngruppen geht. Ein leistungshomogener Vorwissensstand ist zwar für die frontalunterrichtlichen Methoden und für das darbietende Lehren von Vorteil. Für die kooperativen und entdecken lassenden Lehrformen gilt das nicht unbedingt. Kooperative Lehrformen haben sich gerade in leistungsheterogenen Lerngruppen gut bewährt. Allerdings ist mit der Einrichtung heterogener Lerngruppen und mit der Inklusion allein noch nichts gewonnen. Das pädagogische Vorgehen muss sich auch konsequent an den individuellen Lernfähigkeiten orientieren. Welches sind die wichtigsten Prinzipien individueller Förderung?

Adaptiver Unterricht

Als Qualitätsmerkmale guten Unterrichts gelten eine effiziente Klassenführung, ein hohes Maß an kognitiver Aktivierung und eine den Lernprozess begleitende konstruktive Unterstützung durch die Lehrperson. Wo Unterricht in diesem Sinne zudem bedarfsgerecht den unterschiedlichen Lernvoraussetzungen Rechnung trägt, bezeichnet man ihn auch als adaptiv. Unterrichtliche Adaptivität ist deshalb das wichtigste Prinzip der individuellen Förderung.

Dabei kann man zwischen einem methoden-, zeit- oder zieladaptiven Vorgehen unterscheiden. Lernzieladaptiv ist ein Unterricht, der das Erreichen unterschiedlicher Kompetenzstufen nicht als leidiges Problem betrachtet, sondern als legitimen Zielzustand von Lehr-Lernprozessen akzeptiert. Nicht jeder kann alles lernen! Die Anpassung der Lernzeit an die individuellen Lernvoraussetzungen soll sicherstellen, dass auch die schwächeren Lerner durch die zusätzlich gewährte Zeit zumindest ein basales Kompetenzniveau erreichen können. Lernzeitadaptiver Unterricht geht davon aus, dass Kinder mit ungünstigeren Lernvoraussetzungen mehr Zeit, zusätzliche Hilfen und häufigere Wiederholungen benötigen als andere Kinder. Vielleicht bedürfen sie auch einer anderen methodischen Vorgehensweise, dann wäre zudem ein methodenadaptives Unterrichten geboten.

Natürlich gilt das Prinzip der Adaptivität in gleicher Weise für die Anpassung der Lernangebote und des unterrichtlichen Vorgehens an die Bedürfnisse der leistungsfähigeren Kinder. Wenn nicht nur die schwächeren, sondern alle Kinder bedarfsgerecht und adaptiv unterrichtet werden, werden allerdings die eingangs vorgefundenen Leistungsunterschiede nicht kleiner, sondern größer werden.

Lernzeitadaptiv unterrichten. Nun ist es nicht ganz einfach, unter den Bedingungen des Regelunterrichts und im 45-Minuten-Takt lernzeitadaptiv, d. h. unterschiedlich lang zu unterrichten. In Ganztagsschulen ist der Gestaltungsspielraum größer. Fischer et al. (2011) haben erste längsschnittliche Befunde zur Entwicklung und zur Wirksamkeit von Ganztagsschulen vorgelegt: Eine dauerhafte Teilnahme am Ganztag mindert das Risiko einer Klassenwiederholung. Entscheidend hängt dieser „protektive Effekt“ allerdings von den Qualitätsmerkmalen des Ganztagsangebots ab. Ein anderes Beispiel für das lernzeitadaptive Vorgehen ist die klassische, unterrichtsadditive Nachhilfe.

Klemm (2010) hat in einer Expertise allerdings vorgerechnet, dass sie ein teurer und unfairer Ausgleich für eine mangelnde individuelle Förderung im Unterricht ist.

Lernzieladaptiv unterrichten. Wenn man auf Formen der äußeren, schulorganisatorischen Differenzierung verzichtet, bleiben Formen der didaktischen, inneren oder Binnendifferenzierung. Ein gutes Beispiel ist das am „Leibniz-Institut für die Pädagogik der Naturwissenschaften und Mathematik an der Universität Kiel" entwickelte Unterrichtskonzept *Mathe macht stark* für die Sekundarstufe I (Ramm et al., 2011). Die Arbeitsmaterialien zu Themenbereichen wie Brüche, ganze Zahlen, Prozente, Flächen und Körper wurden für jeweils drei Niveaustufen (Metapher Bergbesteigung: Einstieg, Aufstieg, Gipfel) und unterschiedliche Lernzugänge (auch handlungsorientierte) entwickelt. Nach einer anfänglichen Standortbestimmung erhalten die Schüler das Material der zu ihnen passenden Niveaustufe. Fortlaufend gibt es individuelle Rückmeldungen zu den Lernfortschritten. Erste Evaluationen sind sehr vielversprechend verlaufen – die größten Zugewinne verzeichnen die leistungsschwächeren Schüler.

Die Lehrmethoden anpassen. Im Konzept *Mathe macht stark* wird nicht nur ziel-, sondern auch methodenadaptiv unterrichtet, weil stets mehrere Zugänge zur Wissenskonstruktion eröffnet werden. Im CHARLIE-Projekt (Kopp & Martschinke, 2011) wird für den Leseunterricht in 3. Klassen gezeigt, dass Kinder mit nicht-deutscher Muttersprache besonders dann profitieren, wenn sich der Unterricht durch eine positive Fehlerkultur, durch individuelle Rückmeldungen und häufigere Differenzierungen auszeichnet. Und an den Befunden einer experimentellen Studie von Saleh et al. (2005) lässt sich illustrieren, dass die leistungsschwächeren Kinder in einer kooperativen Lernumgebung, in der sie mit den leistungsfähigeren zusammenarbeiten können, am meisten profitieren.

Adaptiver Unterricht ist also nicht gleich, sondern ungleich. In der Allgemeinen Didaktik und in den Fachdidaktiken wird anstelle von Adaptivität übrigens meist von einer leistungsbezogenen Binnendifferenzierung des Unterrichts gesprochen. Gemeint ist das Gleiche: dass sich das pädagogische Vorgehen konsequent an den individuellen Lernständen orientiert. Dass also je nach Leistungsniveau unterschiedlich viele und unterschiedlich schwierige Hausaufgaben gegeben werden, dass die leistungsfähigeren Schüler im Unterricht Zusatzaufgaben höherer Komplexität erhalten und die schwächeren Lerner zusätzliche Unterstützung bei der Bearbeitung von Aufgaben, die sie noch nicht lösen konnten. Dass für besonders langsame Lerner individuelle Förderpläne erstellt werden. Für eine bedarfsgerechte Förderplanung hat sich ein Vorgehen bewährt, für das in der englischsprachigen Literatur der Begriff Response to Intervention (RTI) bekannt geworden ist. Gebräuchlich sind in diesem Zusammenhang auch die Begriffe der curriculumbasierten oder individuellen Lernfortschrittsmessung bzw. der formativen Diagnostik (Gold, 2011a).

Im Ergebnis führt das zu einer Individualisierung des Unterrichts, die mit einer individuellen Lernstands- und Lernvoraussetzungsdiagnostik beginnt, über differenziert darauf bezogene, kognitiv-aktivierende Lernangebote und unterstützende Fördermaßnahmen fortgeführt wird und systematische Formen der kontinuierlichen Lernfortschrittsmessung beinhaltet. All das setzt ein hohes Maß an professionellem Wissen und Können voraus – die jüngsten Studien des Max-Planck-Instituts für Bildungsforschung unterstreichen das. Dass die Lehrerinnen und Lehrer für die pädagogische Arbeit in leistungsheterogenen Lerngruppen oftmals zusätzlicher Unterstützung bedürfen, ist seit Langem bekannt. Auch dass es Veränderungen in der Lehreraus- und -weiterbildung geben muss, damit die adaptiven Lehrkompetenzen gestärkt werden.

4. Individuelle Förderung muss vor der Schule beginnen

Bedarfsgerechter Unterricht allein wird nicht genügen. Schwierige Lernausgangslagen verlangen fördernde Maßnahmen schon vor Schulbeginn. Diese Erkenntnis ist nicht neu. Heinz Heckhausen hat in einer Studie für den Deutschen Bildungsrat vor mehr als 40 Jahren auf die Notwendigkeit und das Potenzial gezielter vorschulischer Förderung hingewiesen. Wichtige Inhaltsbereiche einer kompensatorisch-präventiven Förderung sind neben den sprachlichen Kompetenzen vor allem die individuellen Lernvoraussetzungen und die Vorläuferfertigkeiten des Lesens und Rechnens. Es gibt aber auch Ansätze zur frühen Förderung sozial-emotionaler Kompetenzen.

Eine Reihe von Studien hat belegt, dass sich qualitativ hochwertige Bildungs- und Betreuungsangebote in der frühen Kindheit günstig auf die spätere Lern- und Leistungsentwicklung in der Schule und darüber hinaus auswirken. Vor allem für Kinder aus benachteiligten Familien sind solche Unterstützungsmaßnahmen von großer Bedeutung (Reynolds et al., 2011; Barnett, 2011). Birgit Becker (2010) hat beispielsweise herausgefunden, dass Kinder mit türkischem Migrationshintergrund von einer längeren Kindergartenbesuchsdauer hinsichtlich ihrer sprachlichen Kompetenzentwicklung mehr profitieren als deutsche Kinder, und dass die Ausstattungsqualität der Kindergärten zusätzlich eine Rolle spielt. Die bildungsökonomischen Analysen von James Heckman und Kollegen zeigen im Übrigen, dass das pädagogisch Sinnvolle hier in eindrücklicher Weise mit einer wirtschaftlichen Nützlichkeitsbetrachtung übereinstimmt (Heckman et al., 2009). Risikokinder profitieren nicht nur deutlicher von den frühen Fördermaßnahmen, sondern auch nachhaltiger.

Mehr als bislang wird man allerdings ein Augenmerk auf die Qualität von Betreuungseinrichtungen, auf die Qualifikation des Fachpersonals und auf die Nachhaltigkeit der erzielten Effekte richten müssen. Langzeiteffekte frühpädagogischer Maßnahmen hängen im Übrigen auch davon ab, ob es den Bezugs- bzw. Betreuungspersonen gelungen ist, eine enge Bindung und positive Beziehung zu den Kindern aufzubauen. Der Expertenrat „Herkunft und Bildungserfolg“ (2011) folgert, dass die frühkindliche Betreuung (und Erziehung) in den ersten drei Lebensjahren den Aufbau einer sicheren Bindungsqualität zum Ziel haben sollte und in den folgenden drei Jahren die Förderung schriftsprachlicher Vorläuferfertigkeiten und früher mathematischer Kompetenzen. Eine zentrale Bedeutung kommt dabei der Sprachförderung von Kindern mit Migrationshintergrund zu.

Ich komme zum Fazit: Gerecht ist es, wenn durch Maßnahmen der individuellen Förderung auf Ungleichheiten ungleich reagiert wird. Ungerecht wäre eine Gleichbehandlung von Unterschieden.

Literatur

Barnett, W. S. (2011): Effectiveness of early educational intervention. Science, 333, 975-978.

Becker, B. (2010): Wer profitiert vom Kindergarten? Kölner Zeitschrift für Soziologie und Sozialpsychologie, 62, 139-163.

Brenner, P. (2010): Bildungsgerechtigkeit. Stuttgart: Kohlhammer.

Expertenrat „Herkunft und Bildungserfolg“ (2011): Empfehlungen für bildungspolitische Weichenstellungen in der Perspektive auf das Jahr 2020. Stuttgart: Ministerium für Kultus, Jugend und Sport.

Fischer, N., Holtappels, H.G., Klieme, E., Rauschenbach, T., Stecher, L. & Züchner, I. (2011): Ganztagsschule: Entwicklung, Qualität, Wirkungen. Weinheim: Juventa.

Gold, A. (2011a): Lernschwierigkeiten. Stuttgart: Kohlhammer.

– (2011b): Bildung oder Gerechtigkeit? Lehren & Lernen, 37 (Heft 8/9), 62-67.

Heckman, J. J., Moon, S. H., Pinto, R., Savelyev, P. A., & Yavitz, A. Q. (2009): The rate of return to the High/Scope Perry Preschool Program. Journal of Public Economics, 94, 114-128.

Klemm, K. & Klemm, A. (2010): Ausgaben für Nachhilfe – teurer und unfairer Ausgleich für fehlende individuelle Förderung (Positionspapier). Gütersloh: Bertelsmann.

Kopp, B. & Martschinke, S. (2011): Kinder mit deutscher und nicht-deutscher Familiensprache – Ergebnisse aus der CHALIE-Studie zum Umgang mit migrationsbedingten Disparitäten. Zeitschrift für Grundschulforschung, 4, 46-59.

Kunter, M., Baumert, J., Blum, W., Klusmann, U., Krauss, S. & Neubrand, M. (Hrsg.). (2011): Forschung zur professionellen Kompetenz von Lehrkräften – Ergebnisse des Projekts COACTIV. Münster: Waxmann.

Maaz, K., Baumert, J., Gresch, C. & McElvany, N. (Hrsg.). (2010): Der Übergang von der Grundschule in die weiterführende Schule. Leistungsgerechtigkeit und regionale, soziale und ethnisch-kulturelle Disparitäten (Bildungsforschung Bd. 34). Bonn: BMBF.

Ramm, G., Köller, O., Möller, J., Heinze, A. & Rogalski, K. (2011):Ergebnisse der wissenschaftlichen Begleitung 2011. Niemanden zurücklassen – Lesen macht stark und Mathe macht stark. Kiel: IQSH.

Reynolds, A., Temple, J., Ou, S., Arteaga, I. & White, B. (2011): School-based early childhood education and age-28 well-being: effects by timing, dosage, and subgroups. Science, 333, 360-364.

Saleh, M. Lazonder, A. W. & De Jong, T. (2005): Effects of within-class ability grouping on social interaction, achievement, and motivation. Instructional Science, 35, 105-119.

BARDO HERZIG, ALEXANDER MARTIN

Lernen mit Medien in formalen und informellen Kontexten

Ausgangslage

„The best way to predict the future is to invent it“ – dieser Satz des US-amerikanischen Informatikers Alan Kay kennzeichnet den rasanten technischen Wandel, der in kaum einem anderen Gebiet so schnell und so nachhaltig Alltags- und Berufsleben verändert wie im Bereich der digitalen Medien und der Informatik. Mit den Schlagworten der Veränderung der Industriegesellschaft zur Wissens- oder Informationsgesellschaft wird nicht nur auf eine neue Ressource bzw. Quelle der Produktivität verwiesen, sondern auch ein neuer Modus gesellschaftlicher Partizipation adressiert. Zugang zu und Umgang mit Informationen auf der einen Seite und Kommunikation und Vernetzung auf der anderen Seite sind zu zentralen Bedingungen sozialer und beruflicher (Weiter-)Entwicklung avanciert.

Dass solch gravierende – permanente – Veränderungen von bildungspolitischen Forderungen nach neuen, den Informations- und Kommunikationstechnologien angemessenen und gerecht werdenden Bildungszielen und damit verbundenen Kompetenzen und gleichzeitig von vielen Erwartungen und Hoffnungen im Hinblick auf eine Veränderung von Lernen und Lernkulturen begleitet werden, wundert nicht. Der Begriff der Medienkompetenz markiert den zentralen Fokus entsprechender Diskussionen, in der jüngeren Vergangenheit abgelöst durch den Begriff der Medienbildung (vgl. Tulodziecki/ Herzig/Grafe 2010; Herzig 2012). In diesem Zusammenhang stellen sich Fragen nach der gegenwärtigen und zukünftigen Veränderung der Art des Lernens, der Lernorte und der Lernziele.

Diese Fragen nehmen wir im vorliegenden Beitrag auf und versuchen sowohl eine Systematisierung der Diskussion als auch eine Bestimmung von Entwicklungsrichtungen. Dazu werden wir in einem ersten Schritt typische Beispiele unterschiedlicher medienbezogener Lernsituationen einführen und diese mit Blick auf den Kontext, in dem sie stattfinden, ihre Bezüge zu verschiedenen Vorstellungen vom Lernen und die spezifische Rolle des Mediums analysieren. Auf dieser Basis lassen sich dann in einem zweiten Schritt Konsequenzen für gegenwärtige und zukunftsfähige Lernszenarien im Kontext einer zunehmenden Mediatisierung formulieren. Dabei konzentrieren wir uns auf Informations- und Kommunikationstechnologien als digitale Medien.

Lernen in medialen Zusammenhängen: Beispiele, Situationsmerkmale und Modellvorstellungen

Folgt man einem weiten Lernbegriff, so kann man Lernen als die Veränderung von Verhalten in Folge von Erfahrungen verstehen. Eine solche Auffassung würde zunächst dazu führen, dass relativ viele Situationen als Lernsituationen charakterisiert werden könnten. Dies schließt sowohl den traditionellen Ort des Lernens, die Schule, ein, als auch außerschulische Orte, z. B. die Familie oder die Peergroup. Die Betonung der Verhaltensänderung trägt der Beobachtbarkeit der Lernergebnisse Rechnung. Ob jemand etwas gelernt hat oder nicht, kann am veränderten Verhalten beobachtet werden, etwa wenn jemand eine schriftliche Problemlösung nach einem Lernprozess durchführen kann, die er vorher nicht beherrschte. Je nach Erkenntnisinteresse und disziplinärem Kontext sind unterschiedliche Annäherungen an das Lernen und entsprechende Ausdifferenzierungen eines sehr weiten Lernbegriffs möglich. Wir argumentieren hier aus einer pädagogisch-didaktischen Perspektive.

Zur Systematisierung der Überlegungen gehen wir von einzelnen schulischen und außerschulischen Beispielen aus. Diese werden zunächst mit Blick auf die *Situation* beziehungsweise den *Kontext*, in dem sie stattfinden, systematisiert und anschließend hinsichtlich der dem Beispiel zugrunde liegenden *Modellvorstellung vom Lernen* sowie des *Medieneinflusses* auf den geschilderten Lernprozess erläutert.

Beispiel 1: Simulationssoftware im Physikunterricht

In einer Physikklasse der Sekundarstufe I setzt eine Lehrperson im Rahmen der Erarbeitung von Wurfbewegungen eine interaktive Simulationssoftware ein, mit deren Hilfe die Schülerinnen und Schüler verschiedene Würfe durch Verändern zum Beispiel der Wurfgeschwindigkeit, des Wurfwinkels oder der Höhe, von der aus geworfen wird, variieren können. Auf der Basis der Eingaben können die Würfe simuliert und die Wurfweite, die Höhe, die Energieverteilung usw. grafisch und numerisch ausgegeben werden.

In diesem Beispiel lassen sich folgende *Situationsmerkmale* festhalten: Es handelt sich um einen arrangierten Prozess, der mit der Intention verbunden ist, Schülerinnen und Schülern bestimmte physikalische Gesetzmäßigkeiten in Bezug auf Flugbahnen nahe zu bringen. Der Prozess findet an einem besonderen Ort, dem institutionellen Lernort Schule, statt. Die dortigen Lernprozesse sind abschlussorientiert und ermöglichen zum Beispiel den Erwerb von Zugangsberechtigungen für weiterführende Bildungsgänge. Der Gegenstand entsprechender Lehr-/Lernprozesse wird in der Regel aus spezifischen Curricula gewonnen, die insgesamt einen allgemeinbildenden Bildungskanon widerspiegeln. Schülerinnen und Schüler erwerben in solchen Prozessen explizit Wissen bzw. darauf aufbauende Kompetenzen, hier zu physikalischen Sachverhalten. Die Problemstellungen sind in der Regel künstlich und werden von der Lehrperson in den Unterricht eingebracht.

Die Schülerinnen und Schüler nutzen die Simulationssoftware, um ihre Hypothesen über den Verlauf von Flugbahnen zu prüfen. Diese Hypothesen speisen sich aus sogenannten mentalen Modellen, in die Erfahrungen der Schülerinnen und Schüler beziehungsweise auf diesen aufbauende individuelle Konstruktionen einfließen. Die Software fungiert dabei als Lernumgebung, in der die bisherigen Vorstellungen der Lerner mit den simulierten (und physikalisch sachgerechten) Abläufen verglichen und so gegebenenfalls neue, sachangemessene Hypothesen über die Zusammenhänge zum Beispiel von Wurfwinkel und Wurfweite generiert werden können. *Lerntheoretisch* lassen sich entsprechende Vorstellungen über Lernprozesse als kognitionstheoretisch (Verarbeitung und Speicherung von Informationen und Erfahrungen in bildhafter und semantischer Form) und gemäßigt konstruktivistisch (Wissenserwerb als individuelle Konstruktionen von Wirklichkeit in arrangierten Lernumgebungen) einordnen.

Nicht selten berichten Kinder oder Jugendliche in der Begründung ihrer bisherigen Vorstellungen zu Bewegungsabläufen, dass sie z. B. in Comicfilmen besondere Abläufe beobachtet haben, etwa wenn eine Comicfigur, wenn sie über den Rand einer Schlucht hinausläuft, zunächst waagerecht in der Luft weiterläuft und dann plötzlich senkrecht nach unten fällt. Hier wird deutlich, dass die genannten mentalen Modelle neben Alltagserfahrungen vielfach auch von *medienvermittelten Vorstellungen* gespeist werden und damit zum Aufbau von Erklärungsmustern für spezifische Sachverhalte oder Inhaltsbereiche beitragen. Solche subjektiv-individuellen Konstruktionen von Wirklichkeit – wie sie vielfach in informellen Kontexten in unmittelbaren oder in medienvermittelten Erfahrungen entwickelt werden – bedürfen einerseits des Austausches mit Anderen, andererseits aber auch der der Ergänzung, Erweiterung, Ausdifferenzierung oder auch Korrektur in formalen Kontexten.

Beispiel 2: Smartphones im Alltag

In einer Peergroup von Jugendlichen findet kommunikativer Austausch in großem Umfang mithilfe von Handys bzw. Smartphones via SMS, Twitter oder im Telefongespräch statt. Als eine Jugendliche ein neues Smartphone erhält, gilt es dieses einzurichten, Telefonbücher zu importieren und aktuelle Anwendungen (Apps) im Internet zu finden und auf dem Gerät zu installieren. In relativ kurzer Zeit und ohne sich in eine Bedienungsanleitung einlesen zu müssen, kann die Jugendliche bereits versiert mit ihrem neuen Gerät umgehen.

Mit Blick auf besondere *Merkmale* dieses Beispiels handelt es sich um einen nicht arrangierten Prozess mit dem Ziel, ein technisches Artefakt zu programmieren. Der Prozess findet an einem nicht institutionalisierten Ort in einer Gruppe von Gleichgesinnten – der Peergroup – statt und ist nicht mit dem Erwerb besonderer Zertifikate oder Zugangsberechtigungen verbunden. Gegenstand der Lernprozesse sind keine curricularen Bildungsinhalte, sondern sie entstehen aus der Situation heraus. Entsprechend handelt es sich auch um eine quasi-natürliche Problemstellung, zu deren Bewältigung insbesondere implizit erworbenes Wissen beiträgt.

Lerntheoretisch kann dieses Beispiel mithilfe des Ansatzes zum Modelllernen bzw. Beobachtungslernen gedeutet werden. Jugendliche zeigen sich gegenseitig oder beobachten gegenseitig, wie ein technisches Gerät – in diesem Fall ein Smartphone – konfiguriert werden kann. Der Beobachter entwickelt durch die Beobachtung eines bestimmten Verhaltens, das erfolgreich ausgeführt wurde, eine mentale Repräsentation oder ein kognitives Schema der entsprechenden Handlungsabläufe und kann auf dieses dann in vergleichbaren Anwendungssituationen zurückgreifen.

Dass Handlungsschemata beziehungsweise Skripts vielfach auch infolge der *Rezeption von Medienangeboten* entwickelt werden, zeigen beispielsweise Videofilme, die auf Portalen wie YouTube unter dem Begriff eines „Tutorials" eingestellt werden, in denen Handlungsabläufe dargestellt werden, aus deren Beobachtung abstrakte Schemata destilliert werden können. Beispiele finden sich etwa in Anleitungen zum Radwechsel bei Autopannen oder im Bereich des Heimwerkens, etwa bei der Darstellung von Handwerkstätigkeiten wie Fliesen legen, tapezieren usw. Auch diese Skripts bzw. Handlungsschemata werden insbesondere in informellen Kontexten erworben und bedürfen häufig der Ausdifferenzierung, Erweiterung oder auch Korrektur.

Beispiel 3: Soziale Netzwerke in der Peergroup

Ein Schüler möchte sich ein Profil in einem sozialen Netzwerk, wie Facebook oder schülerVZ einrichten, um auf diese Weise mit seinen Freunden und Bekannten zu kommunizieren und Informationen, Interessen und Bilder zu teilen. Der Schüler argumentiert gegenüber seinen, dem Vorhaben skeptisch gegenüberstehenden Eltern, dass bereits ein Großteil seiner Mitschülerinnen und Mitschüler in dem Netzwerk angemeldet sind und viele Absprachen und Verabredungen innerhalb seines Freundeskreises dort getätigt werden und er nun nicht länger hinter seinen Freunden zurückstehen möchte. Zwischen dem Schüler und seinen Eltern entwickelt sich ein Dialog, in dem die Eltern konkrete Regelungen vorschlagen. Diese Vorgaben hält der Schüler jedoch für umständlich und unfair. Nach ausführlichen, wiederholten Diskussionen stimmen die Eltern der Anmeldung zu, vereinbaren aber mit ihrem Sohn, dass er sich an spezifische Regeln insbesondere im Hinblick auf Datenschutz und Datensicherheit hält.

Ein besonderes *Merkmal* der dargestellten Situation ist, dass es sich ebenfalls um einen nicht arrangierten Prozess handelt, der allerdings zunächst auch mit keiner spezifischen Intention verbunden ist, sieht man einmal von dem Wunsch des Schülers ab, ein eigenes Profil erstellen zu dürfen. Darüber hinaus ist der Prozess im privaten Umfeld der Familie angesiedelt und entsteht, weil unterschiedliche Interessen aufeinander treffen, die eine entsprechende Diskussion auslösen. Dabei steht nicht die Behandlung expliziter Inhalte im Vordergrund, sondern eine Auseinandersetzung mit spezifischen Einstellungen oder auch Werthaltungen. Für die diskursive Auseinandersetzung werden ebenfalls keine Zertifikate oder Zugangsberechtigungen vergeben, entsprechend ist die Problemstellung ebenfalls eine natürliche.

Aus *lerntheoretischer Perspektive* geht es bei diesem Beispiel unter anderem um die Entwicklung von Gerechtigkeitsvorstellungen. In der Diskussion mit seinen Eltern entwickelt der Schüler eine Argumentation, in der seine Vorstellungen von dem, was richtig oder falsch, gerecht oder ungerecht, fair oder unfair ist, zum Ausdruck kommen. Die Entwicklung solcher Vorstellungen stellt einen Lernprozess dar, der ähnlich wie bei kognitionstheoretischen Vorstellungen in der Interaktion mit der Umwelt geschieht. Entwicklungsanregend wirken dabei insbesondere Diskussionen, in denen das Individuum mit anderen Vorstellungen konfrontiert wird, die es auf der Basis der eigenen Einstellung zu reflektieren gilt. Deuten lassen sich entsprechende Prozesse vor dem Hintergrund entwicklungstheoretischer Modelle, wie sie für den Fall der Entwicklung von Gerechtigkeitsvorstellungen etwa von Piaget oder von Kohlberg formuliert wurden. Diese Modelle beschreiben die Entwicklung in verschiedenen Stufen, die qualitativ unterschiedliche Denkweisen repräsentieren und je nach Entwicklungsstand unterschiedliche Handlungen ermöglichen.

Auch bei dieser Art von Lernprozessen spielen *medienvermittelte Vorstellungen* eine bedeutsame Rolle. So werden beispielsweise durch Medienbeiträge Orientierungsmuster angeboten, die sich – ähnlich wie beim Modelllernen – in mentalen Repräsentationen von Kindern und Jugendlichen niederschlagen können. So kann, etwa beim Beobachten eines gewalthaltigen Rachefilms, auf der Basis der Handlungslogik dieses Genres, der Eindruck entstehen, dass zum einen Gewalt als Reaktion auf Gewalthandlungen ein gerechtfertigtes Mittel darstelle und zum anderen die wesentlich stärkere Ausprägung der Gewalt als Racheakt ebenfalls gerechtfertigt sei. Entsprechende moralische Wertvorstellungen, die in solchen Kontexten als mentale Repräsentationen oder kognitive Strukturen erworben werden, sind ggf. nicht sozialverträglich und bedürfen entsprechender Aufarbeitung, Ausdifferenzierung und Weiterentwicklung in formalen Kontexten.

Beispiel 4: Internetforen und Communities

Eine Schülerin ist Mitglied eines Onlineforums, in dem sich am Segelsport Interessierte über unterschiedliche Aspekte ihres gemeinsamen Hobbys austauschen und Fragen stellen können. Im Portal können für besonders aktive User und für besonders hilfreiche und nützliche Antworten Punkte vergeben werden. Die Schülerin ist in der Gruppe der Nutzer führend und hat schon verschiedene virtuelle Trophäen für ihr Engagement verliehen bekommen. Dies spornt sie an, sich immer wieder in neue sachliche Fragen des Segelns einzuarbeiten und ihre Kenntnisse an die Community weiterzugeben. Einzelne Probleme hat sie in Zusammenarbeit mit anderen Foren-Teilnehmern erfolgreich lösen können.

Die Beispielsituation kann – im Hinblick auf besondere *Merkmale* – als nicht arrangierter Prozess gekennzeichnet werden, der von der Schülerin allerdings mit der Intention verbunden ist, spezifische Informationen zu erhalten und auch selbst Fragen zu beantworten und bei Problemlösungen zu helfen. Der Lernort ist in diesem Fall die Freizeit, also ein außerschulischer Ort, wobei der Lernprozess wiederum nicht abschluss- bzw. zertifikatsorientiert ist und die Inhalte nicht festgelegt sind. Der Wissenserwerb erfolgt explizit, die Problemstellung ist allerdings natürlich aus der spezifischen Situation der Schülerin bzw. aus den Anliegen der Foren-Nutzer heraus erwachsen.

Dieses Beispiel lässt sich unter anderem vor dem Hintergrund behavioristischer Ansätze zum *Lernen* deuten. Danach steigt die Wahrscheinlichkeit, dass ein bestimmtes Verhalten auftritt, wenn ein einmal spontan gezeigtes Verhalten positiv verstärkt wird. Diese Form operanter Konditionierung kann in einem Internetforum zum Beispiel durch entsprechende Belohnungsmechanismen in Form der Vergabe von Punkten oder eines besonderen Status erfolgen. Dabei muss sichergestellt sein, dass die eingesetzten Verstärker beziehungsweise Belohnungen für die jeweiligen Lernenden attraktive und relevante Verstärker darstellen.

Dass auch verschiedene *medienbezogene Alltagsroutinen* im Kontext von Medien verhaltenstheoretisch zu erklären sind, zeigt zum Beispiel das permanente Mitführen von Handys oder Smartphones, wie es heute bei Kindern und Jugendlichen üblich ist. Der Verstärkungsmechanismus beruht hier darauf, dass von Zeit zu Zeit interessante beziehungsweise relevante Nachrichten eingehen, die sofort abgerufen und bearbeitet werden können. Gingen dauerhaft nur irrelevante Nachrichten ein, wäre die Wahrscheinlichkeit, dass ein solches Gerät dauerhaft mitgeführt wird, vergleichsweise gering. Die intermittierende Verstärkung durch unregelmäßig eingehende relevante Nachrichten führt jedoch zu einer konstanten Nutzung des Gerätes. Dieses Verhalten ist auch besonders löschungsresistent. Da die entsprechenden Mechanismen häufig unbewusst sind, bedarf eine solche Nutzungsroutine der Bewusstmachung und Reflexion. Gerade das Beispiel der Handy- bzw. Smartphone-Nutzung zeigt –

denkt man an die an vielen Schulen geltenden Handyverbote – dass Nutzungsroutinen aus informellen Kontexten dann problematisch werden, wenn sie unverändert in formale Kontexte transportiert werden, also etwa in Schulen.

Zusammenfassend zeigen die Beispiele zunächst,

- dass Lernprozesse sowohl in schulischen als auch in außerschulischen Zusammenhängen stattfinden.
- dass Lernprozesse, insbesondere solche, die in außerschulischen Zusammenhängen stattfinden, vielfach mit Mediennutzung verbunden sind.
- dass medial vermittelte, außerschulische Lernerfahrungen oftmals nicht sachangemessen sind und eines (schulischen) „Korrektivs" bedürfen, um zu nachhaltigen Lernerfahrungen zu werden.
- dass im Zuge außerschulischen Medienumgangs von Schülerinnen und Schülern erworbene Kompetenzen auch in und für Schule eine gewinnbringende Ressource darstellen können.

Formale und informelle Kontexte

Stellt man nun verschiedene der in den Beispielen genannten *Merkmale* systematisch in zwei Gruppen gegenüber, so lassen sich Merkmalskombinationen finden, die in der Literatur häufig als formales und informelles Lernen (vgl. z. B. Overwien 2005) charakterisiert werden (zu den Merkmalen vgl. Tab. 1). Uns scheint es allerdings zielführender, nicht vom informellen oder formalen Lernen zu sprechen, sondern vom Lernen in informellen oder formalen Kontexten. Damit unterstellen wir, dass Lernprozesse in verschiedenen Kontexten mithilfe unterschiedlicher (bestehender) Modellvorstellungen vom *Lernen* hinreichend gut charakterisiert werden können. Lernen findet orts- und situationsunabhängig, immer und überall statt und es lassen sich – je nach Kontext und Rahmenbedingungen – verschiedene Modelle zur Erklärung von Prozessen anwenden. Lernprozesse sind kontextsensitive Prozesse, wobei jeder Kontext seine eigene Dignität besitzt und Alleinstellungsmerkmale aufweisen kann, wie z. B. das Vorhandensein von professionell ausgebildeten und agierenden Lehrenden in formalen Kontexten.

Die dargestellten *Medieneinflüsse* in den jeweiligen Beispielen zeigen exemplarisch, dass

- viele Lernprozesse, insbesondere solche in informellen Kontexten, mit Medien(-angeboten) verbunden sind. Dies kann in instrumentell-funktionaler Hinsicht (Lernen mit Medien) oder als Gegenstand des Lernens (Lernen über Medien) der Fall sein. In beiden Fällen beeinflussen Medien die Ergebnisse von Lernprozessen.
- die in informellen Kontexten, vielfach im Umgang mit Medien, erworbenen Fähigkeiten, Fertigkeiten, Kenntnisse oder Kompetenzen nicht immer realitätsangemessen, sachangemessen oder sozial verträglich sind. Sie bedürfen

Lernen in	
formalen Kontexten	**informellen Kontexten**
arrangiert	nicht arrangiert
intendiert	intendiert und nicht intendiert
Schule, Institutionen	Familie, Peergroup, Freizeit
abschluss-/zertifikatsorientiert	ohne formale Abschlüsse
curricular gesteuert	inhaltsoffen
hauptsächlich expliziter Wissenserwerb	impliziter und expliziter Wissenserwerb
künstliche Problemstellungen	situierte, authentische Problemstellungen

Tabelle 1: Lernen in formalen und in informellen Kontexten – Merkmale

daher der Ergänzung, Ausdifferenzierung, Weiterentwicklung oder auch „Korrektur" insbesondere in formalen Kontexten (neben der Familie als informellem Kontext).

- Kinder und Jugendliche in informellen Kontexten erworbene Kompetenzen als kognitive, affektive oder emotionale Ressource in formale Kontexte hineintragen. Dort stellen sie eine Lernvoraussetzung dar, deren konstruktive Aufnahme und Bearbeitung Schule bisher nicht hinreichend geleistet hat.

Abschließend greifen wir nun die in der Ausgangslage formulierte Zielstellung auf und Fragen nach den Konsequenzen, die sich – auf Basis der vorgenommenen Einschätzungen und Systematisierungen der Beispiele – für die zukünftige Veränderung des Lernens im Allgemeinen und für den Bereich Schule ableiten lassen.

Konsequenzen für die Zukunft des Lernens

Die Ubiquität von Medienangeboten und die zunehmende Ausstattung von Kindern und Jugendlichen mit (mobilen) Endgeräten, die einen Zugriff auf die entsprechenden Ressourcen erlauben, führen für die traditionellen institutionalisierten Lernorte – insbesondere Schulen – zu einer Konkurrenzsituation, da deren Informations- und Lernmonopol faktisch aufgehoben ist. Zudem können Kinder und Jugendliche selbst zu Produzenten von Weltwissen werden, indem sie Medien nutzen, um Wissen zu generieren und zu verbreiten. Allerdings sind drei wichtige Randbedingungen in Bezug auf zukünftiges Lernen in einer Informations- oder Wissensgesellschaft zu beachten:

- Die Verfügbarkeit von Informationen ist nicht gleichbedeutend mit der gedanklichen Verfügung über Wissen. Die in den Beispielen skizzierten Lernprozesse machen deutlich, dass insbesondere in vielen informellen Kontexten gelernt wird, dass aber die Ergebnisse dieser Lernprozesse in Bezug auf ein „gesellschaftliches Korrektiv" nicht immer angemessen sind. Dies kann im Fall des Physikbeispiels die sachliche Richtigkeit physikalischer Vorstellungen sein, im Fall des sozialen Netzwerks eine gesellschaftlich anerkannte Vorstellung von fair oder unfair, gerecht oder ungerecht. Mit anderen Worten: das Lernen in informellen Kontexten bedarf nach wie vor auch der Ergänzung, Ausdifferenzierung und Korrektur durch Lernen in formalen Kontexten. Dass durchaus auch virtuelle Gemeinschaften solche Korrektivfunktionen wahrnehmen können, zeigt das Beispiel der Online-Enzyklopädien wie Wikipedia, in der die Community selbst die Qualität der Beiträge sichert.
- Gerade weil die Verfügung über Informationen noch nicht die Verfügung über Wissen bedeutet, werden die Anforderungen an das Individuum in Bezug auf seine Lernfähigkeit oder seine Kompetenzen steigen, sich Wissen anzueignen. Die mit dem Begriff des selbstregulierten oder selbstgesteuerten Lernens verbundene Fähigkeiten beziehen sich auf wichtige Aspekte wie das bereichsspezifische Vorwissen, verfügbare Lernstrategien und im metakognitiven Bereich auf die Planung, Überwachung und Korrektur des Lernprozesses. Aber auch hier gilt: In der Regel stellen sich solche Kompetenzen nicht von selbst ein, sondern bedürfen der Unterstützung durch Lernprozesse in formalen, angeleiteten Kontexten.
- Im Zusammenhang mit Lernanforderungen im Informationszeitalter treten immer wieder auch verkürzende Darstellungen auf. Dies betrifft z. B. den Komplex der Medienkompetenz, wenn diese als Anwendungsfähigkeit im Sinne des technischen Handlings charakterisiert wird, oder bei Teilkompetenzen, etwa der Informationskompetenz, wenn diese auf die Benutzung einer Suchmaschine reduziert wird, ohne die Fähigkeit, Informationen nach ihrer sachlichen Richtigkeit, nach ihrer Nützlichkeit, nach ihrem moralischen Wert und – vergleichend – nach ihrer Stimmigkeit einschätzen zu können, mit zu berücksichtigen. Dass sich solche Fähigkeiten quasi von selbst ausbilden, ist mehr als unwahrscheinlich.

Wenn auch die bisherigen Vorstellungen vom Lernen hinreichend gut geeignet sind, Lernprozesse mit Medien zu beschreiben und zu deuten, so heißt dies nicht, dass Lernen sich durch die Entwicklung der Medien nicht verändert hat. Die zunehmende Mediatisierung der Umwelt im Sinne zunehmender Informatisierung und ständig weiter entwickelter technischer Infrastrukturen und Endgeräte zum Zugriff auf, zur Verarbeitung und Präsentation von Informationen sowie für sozialen Austausch und Kommunikation haben dazu geführt, dass Lernen in informellen Kontexten an Bedeutung gewinnt. Dies muss nicht notwendig bedeuten, dass diese Formen des Kompetenzerwerbs auch immer als Lernprozesse empfunden werden. Dennoch verändern sie individuelle Kenntnisse, Fähigkeiten oder Fertigkeiten sowie Werthaltungen. Damit muss das Lernen nicht neu definiert werden, es ergeben sich aber veränderte Anforderungen an die Lernenden und an die Institutionen, die nach wie vor für die Gestaltung von Lernprozessen (mit-)verantwortlich sind. Dies sind zum einen ein erhöhter Bedarf an Kompetenzen im Hinblick auf selbstgesteuertes oder selbstreguliertes Lernen, zum anderen Fähigkeiten zur Kooperation und Vernetzung. Digitale Medien sind insofern einerseits Ursache für die veränderten Anforderungen, andererseits sind sie aber gleichzeitig Instrumente zur Bewältigung dieser Anforderungen.

Der Institution Schule kommt die Aufgabe zu, eine Entgrenzung von Lernorten (den Lernkontexten Schule, Elternhaus und Peergroup) zu unterstützen und die Kompetenzen, die in informellen Kontexten – insbesondere im Bereich der Medien – erworben werden, in schulische Lernprozesse zu integrieren. Gleichwohl muss sich auch Schule in Richtung anderer Kontexte öffnen und die Auseinandersetzung mit Lerninhalten in Kontexten außerhalb der Institution unterstützen. Eine wichtige infrastrukturelle Unterstützung solcher Vorhaben bieten personalisierte Lernumgebungen (personal learning environments, *PLOs*). Sie stellen eine technische Umgebung dar, in der Schülerinnen und Schüler ihr persönliches Wissensmanagement betreiben können. Realisiert werden kann dies z. B. durch Tablet-PCs, die eine permanente Verbindung ins Netz aufweisen und von denen aus sämtliche digitalen Ressourcen – vom Schulserver über das soziale Netzwerk und mobile Apps bis hin zur Datencloud – verfügbar sind. Lernen wird dadurch individualisierter, aber nicht isolierter. Im Sinne einer alltagstauglichen Medienverwendung können ohne Medienbrüche (d. h. ohne Wechsel von technischen Geräten) Daten aus den verschiedenen Quellen bearbeitet, ausgetauscht oder präsentiert werden. Technik hilft in diesem Falle, die persönliche Lernumgebung – als Teil eines Netzwerkes – zu strukturieren und zu organisieren. Die soziale Komponente und Grunddimension von Lernen wird durch digitale Medien nicht aufgelöst, sondern durch die Einbindung individuellen Wissensmanagements in Netzwerke noch stärker betont als zuvor.

Die „Absicherung" des individuell erworbenen Wissens kann auf unterschiedliche Weise geschehen und hängt auch vom erkenntnis- und lerntheoretischen Standpunkt ab. Solange Wissen als „objektiv" betrachtet wird, kann die Reputation durch autorisierte Instanzen wie Experten oder durch gesellschaftlich gesichertes Wissen, wie es z. B. in Lehrbüchern und Enzyklopädien zu finden ist, erfolgen. Geht man dagegen von eher gemäßigt konstruktivistischen Vorstellungen des Wissenserwerbs aus, so gewinnen die peer-to-peer-evaluation und der soziale Austausch in der Community an Bedeutung. Wissen wird in der aktiven Auseinandersetzung mit der Umwelt generiert und evaluiert, sodass Vernetzung in der Gemeinschaft eine wichtige Bedingung für Wissensarbeit und Wissensfortschritt wird. Schule ist damit in der Verantwortung, selbst als Reputationsinstanz zu fungieren, aber auch die Wissensgenerierung im Austausch mit Anderen zu fördern und zu kultivieren.

Literatur

Herzig, Bardo (2012): Medienbildung. Grundlagen und Anwendungen. München.

Overwien, Bernd (2005): Stichwort: Informelles Lernen, Zeitschrift für Erziehungswissenschaft, 8. Jahrgang, 3, S. 339-355.

Tulodziecki, Gerhard/Herzig, Bardo/Grafe, Silke (2010): Medienbildung in Schule und Unterricht, Bad Heilbrunn.

HEIKE SCHAUMBURG

Besser lernen in Laptop-Klassen?

„Die papierlose Schule ist da!“ titelten verschiedene Zeitungen im Mai 2011 in Berichten über das Internat Schloss Neubeuern. Mit dem Projekt *Digital Ink*, in dem alle Schülerinnen und Schüler ab dem 9. Jahrgang mit Tablet PCs ausgestattet werden, verfolgt die Schule das Ziel, jede Form von Papier und Tinte in der Schule zu ersetzen. Das Projekt bildet den vorläufigen Schlusspunkt einer Entwicklung dieser Schule, die das Ziel verfolgt, neue Informations- und Kommunikationstechnologien zu einem integralen Bestandteil schulischen Lernens zu machen. Auch wenn nur wenige Schulen so konsequent auf digitale Technologien setzen wie Schloss Neubeuern, so ist in den letzten Jahren europaweit erneut ein Trend zu beobachten, Schulen, bzw. Schülerinnen und Schüler verstärkt mit Informations- und Kommunikationstechnologien auszustatten. Den Schwerpunkt der Ausstattungsinitiativen der letzten Jahre bilden dabei mobile Technologien: Laptops, Netbooks und Tablet PCs. Sie zielen auf eine Verbesserung und Modernisierung der schulischen IT-Ausstattung, wobei die Anschaffung von mobilen Computern in jüngerer Zeit häufig Teil umfassenderer Ausstattungsinitiativen ist, die auf die Ermöglichung digitalen Lernens in allen Klassen- und Fachräumen zielen, z. B. durch den gleichzeitigen Ausbau von Internet- bzw. WLAN-Verbindungen oder die Anschaffung von interaktiven Whiteboards. In Norwegen beispielsweise bekommen seit 2006 alle Schülerinnen und Schüler der Sekundarstufe Laptops für die schulische Arbeit. Das spanische *Escuela 2.0 Programm* stattet seit 2009 jeden Fünftklässler mit einem persönlichen Laptop aus, und in Frankreich erhielten seit 2009 im Rahmen der *Opération Ecole Numerique Rural* 6.700 ländliche Schulen Netbook-Wagen und interaktive Whiteboards. Ähnliche Initiativen gibt es in zahlreichen anderen europäischen Ländern, unter anderem in Österreich, Großbritannien, Irland, Tschechien, Ungarn und Portugal. In Deutschland fanden und finden Ausstattungsinitiativen lediglich auf regionaler Ebene statt und betreffen meist nur einzelne Schulen, Städte oder Landkreise. Die in Deutschland größte Initiative ist das Projekt *mobiles lernen-21: Notebooks für Nieders@chsen*, an dem im Jahr 2011 300 Schulen und mehrere Tausend Schüler teilnahmen. Die Ergebnisse, die im Rahmen dieses Artikels berichtet werden, entstammen der Evaluation der Anfangsphase dieses Projekts.

Die pädagogischen Zielsetzungen deutscher wie internationaler Laptop-Initiativen lassen sich wie folgt zusammenfassen:

- Bessere Verfügbarkeit und flexiblere Einsatzmöglichkeiten von Computer und Internet im und außerhalb des Unterrichts („learning anytime anywhere“).

- Verbesserung des fachlichen Lernens und Veränderung der Unterrichtskultur hin zu einer Stärkung des eigenverantwortlichen, projektartigen und kooperativen Lernens.
- Vermittlung von computerbezogenen Schlüsselkompetenzen wie Computerkompetenz und Informationskompetenz.

Im Folgenden werden diese pädagogischen Zielstellungen erläutert und auf der Grundlage von Ergebnissen der niedersächsischen Evaluationsstudie beleuchtet, ob, bzw. unter welchen Bedingungen diese Ziele erreicht werden. Den Abschluss bildet eine Zusammenstellung von Gelingensbedingungen, die erfolgreiche Laptopklassen, bzw. Laptopschulen kennzeichnen.

Bessere Verfügbarkeit und flexiblere Einsatzmöglichkeiten von Computer und Internet

In Deutschland war nicht zuletzt die PISA-Studie aus dem Jahr 2003 ein wichtiger Impulsgeber für die Bemühungen, mehr Laptop-Klassen zu etablieren. Sie erbrachte – neben dem unerwartet schlechten Abschneiden der deutschen Schülerinnen und Schüler in den mathematischen, naturwissenschaftlichen und sprachlichen Leistungstests – ein erstaunliches Ergebnis: Zwar lagen die deutschen Schülerinnen und Schüler bezüglich der häuslichen Nutzung von Informations- und Kommunikationstechnologien (IKT) im oberen Mittelfeld. Was die schulische Nutzungshäufigkeit anging, bildeten sie jedoch das Schlusslicht unter den untersuchten Nationen. Dabei zeigte sich, dass dies nicht primär an der schlechten schulischen Ausstattung lag. In derselben Studie gaben 93 Prozent der befragten Schülerinnen und Schüler an, auch in der Schule Zugang zu Computern zu haben, aber ganz offensichtlich wurden diese im Unterricht nur ausgesprochen selten eingesetzt.

Auch frühere Studien waren bereits zu dem Ergebnis gekommen, dass der fachintegrierte Einsatz von Computer und Internet nicht allein von der Ausstattung, sondern auch vom Standort der Geräte abhängt: Computer in Computerräumen werden in der Regel seltener genutzt als Computer in Klassenräumen, und Computer in Klassenräumen werden häufiger eingesetzt, je mehr Geräte der Klasse zur Verfügung stehen. Die Einrichtung von Laptop-Klassen, in denen jedem Schüler ein eigenes Gerät zur Verfügung steht, das er ggf. sogar mit nach Hause nimmt, ist die logische Weiterführung der Erkenntnis, dass, will man Informations- und Kommunikationstechnologien zu einem selbstverständlichen Bestandteil des Unterrichts machen, als Erstes eine unmittelbare Zugänglichkeit für jeden Schüler hergestellt werden muss.

Evaluationen von Laptop-Initiativen bestätigen, dass diese Rechnung aufgeht: Die Evaluation des o. g. Modellversuchs in Niedersachsen ergab, dass etwa 40 Prozent der Schülerinnen und Schüler aus Notebook-Klassen mehrmals pro Woche oder gar täglich Computer im Unterricht nutzen. In „traditionell“ unterrichteten Klassen lag der Prozentsatz der Schülerinnen und Schüler, die dies von sich behaupten konnten, bei nur 6 Prozent, obwohl auch diesen Klassen Computerräume und teilweise Computer in den Klassenräumen zur Verfügung standen.

Begleitende Interviews mit Lehrerinnen und Lehrern bestätigen dabei, dass die unmittelbare Verfügbarkeit der Geräte in den Notebook-Klassen die selbstverständliche Nutzung der Technologie im Unterricht wesentlich befördert. Ein Lehrer des Projekts erklärt das ganz anschaulich:

> Wobei natürlich das [Arbeiten im PC-Pool] immer ein bisschen komplizierter ist. Man muss dann immer den Raum wechseln. Es ist für die Schüler eine besondere Situation, das ist mit den Notebooks natürlich immer ein bisschen einfacher. Die Schüler können mit den Geräten ganz selbstverständlich umgehen, weil es ihre eigenen sind. Sie sind mit der Handhabung sehr vertraut und viele technische Probleme, die du sonst im Computerraum hattest: […] „Wo ist das Programm, welches Programm brauche ich überhaupt?", das entfällt eigentlich. […] Man kann sagen, ich brauche jetzt das Notebook, holt es raus, fahrt es hoch, startet das und das Programm und das ist gar kein Problem.

Die Evaluation des o.g. Notebook-Projekts zeigte aber auch, dass sich dieser Effekt nicht an allen Klassen und in allen Schulen ohne Weiteres einstellt. So mag der Befund überraschen, dass „nur" 40 Prozent der Schüler in Laptop-Klassen angaben, die Geräte zumindest mehrmals in der Woche im Unterricht zu nutzen. Noch überraschender ist, dass knapp 20 Prozent der Schülerinnen und Schüler gar angaben, die Notebooks nie bis maximal sechs Mal im Schuljahr genutzt zu haben. Eine Analyse der Klassen mit einer ausgesprochen geringen Nutzungshäufigkeit zeigte, dass in diesen Klassen die Verfügbarkeit und flexible Einsetzbarkeit durch technische und organisatorische Probleme empfindlich beeinträchtigt wurde. Auch dies soll wieder mit einem Zitat aus einem Lehrerinterview verdeutlicht werden:

> Das ist, [dass] alles, was mit Technik zu tun hat, hier ja nur sporadisch funktioniert. Also, mal geht der Drucker, dann geht das Internet nicht. Oder mal geht das Internet, dann geht der Drucker nicht. Also und dann […] sind die Laptops eben zum Teil kaputt, dann haben zwei, drei Leute ihren in der Reparatur […]. Dann arbeiten sie zu zweit an einem Laptop, oder die müssen die Sachen abschreiben, und das ist dann natürlich schon schwierig.

Ein Vergleich der Schulen zeigte hier deutliche Unterschiede in der technischen Ausstattung und Supportstruktur: Schulen mit großen technischen Problemen verfügten zum einen über eine schlechtere technische Ausstattung (z. B. ein weniger leistungsfähiges Netzwerk, weniger Peripheriegeräte). Weiterhin besaßen sie eine Unterstützungsstruktur, mit der technische Probleme häufig von einer einzelnen Person gelöst werden mussten. Schulen mit weniger Problemen erledigten die technische Wartung dagegen arbeitsteilig unter Einbezug von Medienkoordinatoren, Schulassistenten, Schüler-AGn und externen Partnern, sodass Störungen schnell und zuverlässig beseitigt werden konnten. Als langfristig besonders wichtig erwies sich in diesem Zusammenhang ein zügiger (häufig externer) Reparaturservice, der den längeren Ausfall von Geräten verhinderte und so für die kontinuierliche Arbeitsfähigkeit der Klassen sorgte.

Verbesserung des fachlichen Lernens

Lehrerinnen und Lehrer von Laptop-Klassen nennen in Befragungen eine Reihe von Vorteilen, die die Arbeit mit Laptops in fachlicher Hinsicht bringt. Sie äußern vielfach die Ansicht, dass der Unterricht mit Notebooks den Schülern hilft, besser zu lernen und fachliche Inhalte besser zu verstehen. Dabei werden Beispiele aus vielen Fächern genannt, bei denen der Computer als Werkzeug oder das Internet als reiche Informationsquelle dient. Im o. g. Projekt beschrieben es die Lehrer zum Beispiel so:

> Im Physikunterricht z. B. bin ich begeistert davon, weil man Versuchsreihen auswerten kann. Jeder Schüler kann das für sich machen. Sonst haben wir immer nur die Möglichkeit gehabt, am Lehrertisch mit einem Gerät Versuchsergebnisse aufzunehmen, also, Messergebnisse aufzunehmen, und dann die Auswertung gemeinsam zu machen. Und so kann es eben jeder Schüler für sich machen, was natürlich viel mehr dem einzelnen Schüler bringt.

> Das, was die Laptops eben auch noch unterstützen, ist, es steht ihnen vielfältigeres Material zur Verfügung, aktuelleres Material, also vom Umfang her, als ein Lehrbuch das jemals machen kann. Der Laptop unterstützt uns also dabei auf einfache Art und Weise, Material zu verbreiten, auch eigenes Material zu produzieren, das auch unkompliziert reproduzierbar ist. Also, ich hab ein Lehrbuch, das kriege ich für ein Schuljahr ausgeliehen [...] und muss dann anschließend das Lehrbuch wieder abgeben. Es steht mir also nicht mehr zur Verfügung. Ich habe so eine dynamische Geometriedatei, die ich abspeichere, wo ich den Kommentar rein schreiben kann, was sie bedeuten soll, dann eine gute Dateiablage führe, wo mir das Ding immer wieder zur Verfügung stehen kann [...] und dann greift man auf das wieder zurück, was man damals vielleicht mal abgelegt hat. Das, denke ich, ist ein großer Vorteil.

Besonders im Deutschunterricht, bzw. im sprachlichen Bereich wird die Textverarbeitung als ein Instrument hervorgehoben, mit dem das Schreiben von Texten fundamental verändert und verbessert wird:

> Also, es gibt bestimmte Themen, wo die Textverarbeitung eine große Erleichterung bringt gegenüber der Arbeit im Schulheft. Also, Schüler grundsätzlich dazu zu bekommen Texte, die sie einmal geschrieben haben, inhaltlich zu verändern. Oder auch einfach nur nach Rechtschreibung [zu korrigieren], weil meistens sind das so grammatische Fehler oder sprachliche Fehler, die mögen sie im Heft einfach nicht gerne korrigieren. Sie schreiben was hin, „luschen" was hin, und dann steht das da. Wenn sie dann aufgefordert werden, daran was zu ändern, dann ist schon erstmal eine ganz große Abwehrhaltung da. Und das ist mit dem Notebook nicht so.

Studien, die die Erfahrungen von Lehrerinnen und Lehrer, die in Laptopklassen unterrichten, zusammenfassen, belegen ein breites Spektrum an Möglichkeiten, wie Laptops zur Verbesserung des Lernens beitragen. Diese reichen von fachlich sehr spezialisierten Programmen (wie der in einem der Zitate genannten Software für Dynamische Geometrie), die punktuell in speziellen Fächern eingesetzt werden, bis zu Standardprogrammen (z. B. Textverarbeitung) oder Internetrecherchen, die in beinahe allen Fächern mit unterschiedlichen Zielsetzungen, Inhalten und Funktionen genutzt werden. Schüler- und Lehrerbefragungen dazu, welche Programme eingesetzt werden bzw. welche Tätigkeiten an den Laptops im Unterricht vorherrschen, unterstreichen die Breite der Nutzungsmöglichkeiten, belegen aber auch, dass die häufigste Tätigkeit das Schreiben, bzw. Bearbeiten von Texten darstellt, gefolgt von Internetrecherchen und der Aufbereitung der gefundenen Informationen, z. B. in Texten oder Präsentationen. Übereinstimmend kommt eine Vielzahl von Evaluationsstudien also zum Ergebnis, dass Laptops mit Bezug auf die Lerngelegenheiten, die Materialien und Methodenvielfalt, die im Unterricht zum Einsatz kommt, eine Bereicherung darstellen.

Verschiedene Studien bestätigen dabei auch, dass der Anteil unabhängiger Schülerarbeit und Projektarbeit in Laptopklassen zunimmt, bzw. dass der Einsatz von Laptops bei diesen Arbeitsformen als besonders zweckmäßig eingeschätzt wird. Auch die Evaluation der niedersächsischen Laptop-Schulen ergab, dass Schülerinnen und Schüler in Laptopklassen tendenziell häufiger komplexe Aufgabenstellungen bearbeiteten und dass frontale Phasen in Laptopklassen zugunsten von Phasen mit einer höheren Schüleraktivität (Einzel- und Gruppenarbeit) abnahmen, wobei es zwischen den Klassen wiederum große Unterschiede in der Unterrichtsmethodik gab.

Insgesamt ambivalent stellt sich die Befundlage dazu dar, ob der Einsatz von Laptops sich förderlich auf die schulischen Leistungen auswirkt. Die Lehrerinnen und Lehrer von Laptopklassen machen die Erfahrung, dass das Arbeiten mit dem Computer auf die Fähigkeiten der Schüler keine oder bisweilen auch kontraproduktive Effekte haben kann, wie nochmals zwei Zitate aus der o. g. Studie belegen:

> Und die Defizite in den Grundrechenarten werden durch den Laptop nicht aufgehoben. Die kann ich auch mit Excel nicht aufheben. Im Gegenteil: Mit Excel verleite ich ja noch dazu, sich das Leben leichter zu machen. Und der Taschenrechner ist ja nun auch in Windows integriert.

> Da unsere Schüler von Hause aus auch sehr große Rechtschreibprobleme haben, wird es durch den Laptop nicht unbedingt besser. Weil ja durch automatische Rechtschreibprüfung man auf viele Sachen hingewiesen wird und wenn man dann wirklich per Hand schreiben muss, sind einige dann wieder nicht in der Lage, sich wirklich auf die richtige Schreibweise zu konzentrieren.

Die fachlichen Auswirkungen wurden in zahlreichen Evaluationen auf der Basis von Leistungstests, bei denen Laptopschüler mit traditionell unterrichteten Schülern verglichen wurden, geprüft. Dabei zeigten sich widersprüchliche, in der Tendenz aber positive Ergebnisse. Zusammenfassend kann man sagen, dass Schüler in Laptopklassen bezüglich der fachlichen Leistungen zumindest nicht schlechter abschneiden als herkömmlich unterrichtete Schüler.

In den Befunden zeichnet sich ab, dass der Unterricht in Notebook-Klassen vor allem im sprachlichen Bereich eine positive Wirkung hat. Hier liegen mehrere Studien vor, die Lernvorteile von Notebook-Klassen bei Aufsatzleistungen, Sprach- und Leseverständnis zeigen. Im Bereich der mathematisch-naturwissenschaftlichen Leistungen werden dagegen seltener positive Effekte berichtet. Dies ist auch in der eingangs erwähnten Evaluationsstudie der Fall: Im Bereich Mathematik konnten von der Klassenstufe 7 zur Klassenstufe 9 keine Unterschiede zwischen Notebook- und Nicht-Notebook-Schülern in ihrer Leistungsentwicklung festgestellt werden. Bezüglich des Lese- und Sprachverständnisses und der Aufsatzleistungen konnten positive Effekte für die Notebook-Schüler gefunden werden, allerdings im Bereich Leseverständnis nur für die untersuchten Hauptschüler, im Bereich der Aufsatzleistungen nur für Realschüler und Gymnasiasten.

Die uneindeutige Befundlage zeigt, dass Laptops weder grundsätzlich noch automatisch eine Verbesserung der Leistungen bewirken. Letztendlich kommt es – wie sonst im Unterricht auch – darauf an, die Schüler bestmöglich in ihren Lernprozessen zu unterstützen. Ob sich Laptops hierfür als hilfreich erweisen, hängt vor allem von der Kompetenz der unterrichtenden Lehrperson ab, sowohl in technischer, aber mindestens genauso in fachlicher und didaktischer Hinsicht. Evaluationen haben dabei gezeigt, dass viele Lehrerpersonen sich hier nicht genügend vorbereitet und unterstützt fühlen. Zwar zeigen längsschnittliche Evaluationen, dass Laptop-Lehrerinnen und -Lehrer die Einsatzmöglichkeiten des Computers im Unterricht durch eigenes Experimentieren für sich ausloten und dabei in einem mehrjährigen Prozess zu einer zunehmend vielfältigen und kompetenten Nutzung kommen. Es drängt sich jedoch die Forderung auf, diesen Prozess durch entsprechende Fortbildung und Unterstützung aufseiten der Lehrer abzukürzen. Auch die Evaluation der niedersächsischen Notebook-Schulen zeigte, dass Schulen sich deutlich bezüglich der Unterstützung, Fortbildung und Kooperation von Lehrerinnen und Lehrern unterscheiden, und dass diese weitere Erfolgsfaktoren für Laptop-Projekte darstellen. Von besonderer Bedeutung war hier zum einen eine Schulleitung, die das Projekt mit vielfältigen Strategien aktiv unterstützt und durchsetzt sowie eine enge Kooperation des Kollegiums, die möglichst viele Lehrerinnen und Lehrer einschließt, sodass Erfahrungen weitergegeben und das Projekt gemeinsam weiterentwickelt werden kann.

Vermittlung computerbezogener Schlüsselkompetenzen

Eine Verbesserung der Computerkompetenz gehört – wenig überraschend – zu den am häufigsten berichteten Ergebnissen von Notebook-Evaluationen. Dabei sind Lehrerinnen und Lehrer immer wieder überrascht, wie schnell und problemlos viele Schülerinnen und Schüler sich den Umgang mit den Geräten aneignen. Das folgende Zitat aus einem Lehrerinterview der eingangs genannten Studie ist recht typisch für die Erfahrung, die Lehrerinnen und Lehrer in Laptop-Klassen machen:

> Positive Erfahrungen: eine größere Selbstständigkeit der Schüler, inzwischen nach einem halben Jahr eine bemerkenswerte Kompetenz der Schüler im Umgang mit den so genannten neuen Medien, d. h. also mit dem Internet. Techniken, sei es nun E-Mail oder schneller Austausch über Chat, muss ich ganz ehrlich gestehen, da machen sie mir wahrscheinlich inzwischen völlig einen vor, da könnt ich gar nicht mehr mithalten.

In der o. g. Notebook-Studie wurde den Schülern in der 8., 9. und 10. Klasse ein Computerwissenstest, in dem es vor allem um die Bedienung von Computer und Internet ging, vorgelegt. Dabei erwiesen sich die Schüler in Notebook-Klassen durchgängig als überlegen. Lediglich unter den Gymnasiasten der Jahrgangsstufe 10 näherten sich die Schüler aus traditionell unterrichten Klassen bezüglich des Computerwissens den Notebook-Schülern an.

Neben der technischen Bedienung ist eine weitere Zielsetzung von Laptop-Projekten, die Schülerinnen und Schüler in der Recherche und im Umgang mit Informationen aus dem Internet zu schulen. Die Erfahrung der Lehrerinnen und Lehrer ist, dass die Schülerinnen und Schüler sich hier häufig sehr viel schwerer tun als mit dem Erwerb der technischen Bedienung. Ein Lehrer aus dem o. g. Projekt beschreibt typische Schwierigkeiten, mit denen die Schülerinnen und Schüler konfrontiert sind:

> Also, was ja ein großes Problem bei unseren Schülern ist: Dass sie Texte nicht verstehen und ich fürchte, das wird durch die Notebooks nicht besser, sondern schlechter. Also sie sind alle ganz wild darauf ins Internet zu gehen. [...] Und selbst wenn sie Seiten gefunden haben, die zu ihrem Thema passen, [...] das war dann aber nur so: „Oh gucken Sie mal und was wir gefunden haben!", aber gelesen haben sie es gar nicht. Und als ich dann darauf gedrängt habe, dass sie es lesen sollen, dann fanden sie das ganz doof. [...] Manchmal begegnen mir Schüler auf dem Flur und sagen: „Gucken Sie mal, wir haben jetzt da 13 Seiten über Nadelhölzer!", und dann haben sie 13 Seiten über Nadelhölzer, aber keine Ahnung, was da drin steht.

Insgesamt wurde in der Studie der Erwerb von Informationskompetenz ambivalent beurteilt. Anders als die technische Bedienkompetenz, für die die Lehrerinnen und Lehrer häufig schon nach wenigen Wochen deutliche Zuwächse berichten, ist der Erwerb von Informationskompetenz eine langfristige Angelegenheit. In der niedersächsischen Studie bemerkten die Lehrkräfte – wenn überhaupt – zumeist erst im zweiten oder dritten Projektjahr Verbesserungen bei den Schülerinnen und Schülern:

> Die Schüler, die schon sehr lange mit Laptops arbeiten, die ich so im neunten und zehnten Schuljahr habe, die sind zum Beispiel ganz eindeutig vorsichtiger geworden bei der Beurteilung von Internetseiten oder beim Herangehen an Internetseiten. Weil sie genau wissen, man kann da sehr leicht in Fallen tappen, man wird da sehr schnell verschaukelt. Da entwickelt sich eine gewisse Kritik, eine Kritikfähigkeit.

Es zeigt sich im Bereich der Informationsrecherche und des kritischen Umgangs mit Information, dass es auch hier, ähnlich wie bei den fachlichen Kompetenzen, entscheidend darauf ankommt, dass diese explizit im Unterricht angebahnt und trainiert werden.

Ein Lehrer beschreibt, wie er hierzu vorgeht:

> Also, da lernen sie auf jeden Fall eine ganze Menge, denn bei jeder Präsentation wird ja danach über die Qualität der Präsentation gesprochen und dabei lernen sie ja, dass [sie] also niemals Dinge unreflektiert aus dem Internet sich rausholen dürfen und dass sie die Sachen, ja klar, auch bearbeiten müssen, sodass sie die vortragen können, frei vortragen können, dass das also auch keine Texte 1:1 sein dürfen, die sie dann einfach rausholen.

Ohne eine gezielte Förderung bleiben die Gewinne im Bereich der Informationskompetenz gering. Besonders wichtig ist eine solche Förderung für die im obigen Zitat angesprochenen leistungs- und leseschwachen Schüler. Diese sind von der Informationsfülle und dem Ablenkungspotenzial, das das Internet bietet, häufig überfordert. Andererseits können sie, wenn dies im Unterricht explizit gefördert wird, auch besonders von der Arbeit mit Notebooks profitieren. In der o. g. niedersächsischen Studie schätzten sich gerade die Haupt- und Realschüler der Notebook-Klassen bezüglich der Informationskompetenz besser ein als Schüler herkömmlich unterrichteter Klassen. Ein Informationskompetenztest, der den Schülerinnen und Schülern vorgelegt wurde, zeigte jedoch keine besseren Leistungen bei den Notebook-Schülern. Begleitende Lehrerbefragungen ergaben dabei auch, dass die Förderung einer kritischen Medienkompetenz im Unterricht der meisten Lehrpersonen nur geringen Raum einnahm und dass die Lehrerinnen und Lehrer sich auch hierfür explizitere Fortbildungen und mehr Freiräume im Unterricht wünschten.

Fazit: Erfolgsbedingungen von Laptop-Projekten

Die Evaluation des niedersächsischen, wie auch zahlreicher anderer Laptop-Projekte zeigen, dass nicht die Einführung mobiler Computer an sich bereits zu einer Verbesserung des Lernens führt, sondern dass es vor allem auf die Rahmenbedingungen ankommt, unter denen ein solches Projekt implementiert und durchgeführt wird.

Als besonders bedeutsam erweist sich hierbei einerseits die technische Infrastruktur, ihre Wartung und der technische Support, den Schülerinnen und Schüler sowie Lehrerinnen und Lehrer erhalten. Technische Probleme können zu einem Stolperstein werden, an dem ein Notebook-Projekt letztendlich scheitert, weil es für Schülerinnen und Schüler sowie Lehrerinnen und Lehrer außerordentlich frustrierend ist, Tag für Tag mit einer unzuverlässigen Technik kämpfen zu müssen.

Erfolgreiche Schulen zeichnen sich durch eine bessere Ausstattung, insbesondere hinsichtlich der Netzinfrastruktur sowie ein gut ausgebautes Support-Netzwerk aus. Einige Probleme lassen sich von vornherein vermeiden, indem robuste Hardware (am besten spezielle, auf die Bedürfnisse von Schülerinnen und Schülern abgestimmte Geräte) angeschafft, ein leistungsfähiges Schulnetz installiert und eine auf die Notebooks zugeschnittene Ausstattung der Klassenräume (z. B. hinsichtlich der Stromversorgung und sicheren Lagerung der Geräte) bedacht wird. Darüber hinaus verfügen erfolgreiche Notebook-Schulen über eine verzahnte interne und externe Supportstruktur, sodass defekte Geräte schnell repariert und technische Störungen umgehend beseitigt werden können. Dabei sind Wartungsaufgaben in der Regel auf mehrere Schultern verteilt. Nur so kann die Voraussetzung für einen erfolgreichen Unterricht mit Laptops geschaffen werden.

Die zweite wichtige Rahmenbedingung ist die fachliche und didaktische Unterstützung der Lehrkräfte. Für den Unterricht gibt es inzwischen eine Fülle von Vorschlägen und Materialien, wie Computer und Internet fachlich integriert eingesetzt werden können. Diese müssen jedoch von Lehrerinnen und Lehrern gesichtet und auf die spezifischen Bedürfnisse in ihren Klassen angepasst werden. Dies erfordert Arbeit und Zeit. Als hilfreiche Unterstützung erweisen sich dabei schulinterne Fortbildungen sowie kollegiale Kooperation und Wissensaustausch. Hierfür müssen die organisatorischen Voraussetzungen geschaffen werden, z. B. indem Teams für die Projektorganisation gebildet und gemeinsame Freistunden für den Erfahrungsaustausch und Projektabsprachen organisiert werden.

Entscheidend für den Erfolg eines solchen Projekts ist schließlich ein Medienkonzept, dass von allen beteiligten Lehrerinnen und Lehrern sowie der Schulleitung getragen wird und den schrittweisen, am besten fachintegrierten Aufbau von Medienkompetenz bei den Schülerinnen und Schülern vorsieht.

Sind diese Voraussetzungen gegeben, entwickeln sich Notebooks – wie sowohl die niedersächsische als auch viele andere Studien zeigen– zu einem wertvollen Werkzeug, das aus dem Unterricht kaum noch wegzudenken ist. Das Abschlusswort sei in diesem Sinne nochmals einem Lehrer aus unserer Studie überlassen:

> Ich könnte mir auch ganz schlecht vorstellen, nachdem ich mir jetzt so diese Arbeit angewöhnt habe, jetzt total wieder umzuschwenken auf das, was davor war. Also wenn ich jetzt die nächste Klasse hätte, die eben nicht mehr mit dem Notebook arbeitet, dann müsste ich mich total wieder umstellen. Und dann würde ich

auch erst sehen, welche Möglichkeiten mir da fehlen. So weit bin ich heute schon, dass ich sagen kann, ich würde es sehr bedauern.

Literatur

Schaumburg, H., Prasse, D., Tschackert, K. & Blömeke, S. (2003). Lernen in Notebook-Klassen. Endbericht zur Evaluation des Projekts „1000mal1000: Notebooks im Schulranzen". Bonn: Schulen ans Netz.

Computer + Unterricht (2011), Heft 81, 1:1-Ausstattung. Seelze: Friedrich-Verlag.

GERHARD ROTH

Bildung, Gehirn, Persönlichkeit – Wie Lernen gelingt

1. Was soll Schule?

Schule hat seit jeher zwei Ziele, nämlich zum einen die *Vermittlung von Wissen und Fertigkeiten* und zum anderen die Unterstützung der *Persönlichkeitsbildung* der jungen Menschen. Auch aus neurowissenschaftlicher Sicht kann das Ziel aller Erziehungs-, Lern- und Bildungsprozesse nur der selbstbestimmte, tolerante und kompetente Mensch sein (Roth, 2011). Aber über eine solche Leer- oder Beschwörungsformel hinaus kann das neurowissenschaftliche Persönlichkeitsmodell konkret benennen, um welche Prozesse es aus ihrer Sicht dabei auch geht, nämlich um das Entwickeln bzw. Erlernen jener oben genannten Fähigkeiten, nun aber im Kontext schulischer Herausforderungen. Daraus wächst den Schulen eine umso größere Aufgabe zu, wie die Erziehungsleistungen in den vorschulischen Lebensjahren bei immer mehr Erziehungsverantwortlichen zurückgehen. Es ist nicht damit getan, dass die Schule *durch Unterricht* erzieht – zu Sorgfalt, Genauigkeit, Teamfähigkeit usw. –, sondern diese Erziehungsbemühungen müssen eingelagert werden in eine umfassendere persönlichkeitsfördernde Schulkultur.

- *Stress- und Frustrationstoleranz*: Belastungen und Herausforderungen neben, in und nach der Schule aushalten können, Techniken des Stressmanagements, der Selbstberuhigung und des rationalen Umgangs auch mit (als solchen empfundenen) Ungerechtigkeiten anwenden lernen.
- *Motiviertheit und Zielorientierung*: Lernen und Ausbildung als Herausforderung annehmen, Leistungswillen und Vertrauen in die eigenen Kräfte entwickeln.
- *Impulshemmung*: Umgang mit den eigenen Gefühlen lernen und sie regulieren lernen (besonders Ärger und Wut); sich nicht provozieren lassen, nachgeben können; Geduld, Toleranz und Friedfertigkeit ausbilden.
- *Bindung und Empathie*: Formen und Rituale der Rücksichtnahme ausbilden, den Wechsel von Bindung und Trennung aushalten und zu große psychische Abhängigkeiten vermeiden lernen.
- *Realitätssinn und Risikowahrnehmung*: die eigenen Kräfte richtig einschätzen können, keine zu hohen, keine zu niedrigen Ziele setzen lernen, seine Interessen klug vertreten können, Selbstkritik entwickeln.

In vielen öffentlichen Schulen werden diese Herausforderungen für die Entwicklung und Formung der Schülerpersönlichkeit noch kaum gesehen, geschweige denn bearbeitet. Noch immer stehen Unterricht und Leistung im Mittelpunkt – besonders auch aus der Sicht der Eltern! –, und der wichtigste Schulzweck neben Kompetenzvermittlung und -aneignung, nämlich Persönlichkeitsentwicklung, wird selten erreicht. Dabei zeigen die jahrzehntelangen Erfahrungen von Schulen, die in dieser Hinsicht das Schulleben und die Schulkultur ausgestalten, den engen Zusammenhang von Persönlichkeitsentwicklung und Schulerfolg.

2. Wie Lehren und Lernen gelingen

Der Lernerfolg in der Schule hängt von vielen und sehr unterschiedlichen Faktoren ab. Hierzu gehören (1) Intelligenz und Lernbereitschaft der Schüler, (2) die Motiviertheit, Glaubhaftigkeit und Kompetenz des Lehrenden, (3) die Art und Weise der Wissensvermittlung und Wissensaneignung und schließlich (4) Fleiß und Wiederholung.

Intelligenz und Lernbereitschaft der Schüler

Intelligenz und Lernbereitschaft eines Kindes hängen zum einen von der allgemeinen Intelligenz, insbesondere der schnellen Auffassungsgabe, ab, die nach Meinung der Mehrheit der Experten zu ca. 50 Prozent genetisch bedingt ist, wenngleich durch sehr viele Gene und Genvarianten, so genannte Gen-Polymorphismen (Neubauer und Stern, 2007; Rost, 2013). Der zweite große Faktor ist die frühkindliche familiäre Situation. Positiv wirkt hier eine bildungsnahe, ermutigende und tolerante familiäre Situation. Deshalb überrascht es nicht, dass die PISA-Studien einen engen Zusammenhang zwischen familiärer Bildungsnähe und schulischer Leistung feststellen. Dabei gilt, dass die frühen psychosozialen Verhältnisse in den Familien einen Einfluss von rund 20-30 IQ-Punkten haben, der allerdings in späterer Kindheit und Jugend auf rund 10 IQ-Punkte absinkt. Je früher man ansetzt, desto wirkungsvoller sind also die Maßnahmen. Allerdings gilt auch, dass kurzfristige Maßnahmen, wenn überhaupt, auch nur kurzfristige Wirkungen erzielen (Rost, 2013). Es ist daher eine wichtige Aufgabe des Staates und der Gesellschaft, so früh wie möglich Bildungsnähe für alle jungen Menschen zu schaffen.

Wichtig ist, dass die Kinder von früher Jugend an die sogenannten Sekundärtugenden lernen. Hierzu gehören Pflichtbewusstsein, Ausdauer, Gewissenhaftigkeit, Fleiß und Rücksichtnahme auf die Interessen anderer. Eine herausforderungs- und anstrengungsfreie Schule ist eine populäre, aber problematische Forderung. Lernen ist nur im Kleinkindalter anstrengungsfrei, danach geht der Grad der Anstrengung direkt in den Lernerfolg ein, denn unser Gehirn verankert Inhalte umso besser im Gedächtnis, je mehr Mühe wir für deren

Erwerb aufgewendet haben (Roth, 2011). Anstrengung ist nicht zu verwechseln mit psychischem Stress und Angst, die Lernen und Gedächtnisbildung über eine zu hohe Ausschüttung von Adrenalin, Noradrenalin und Cortisol blockieren. Bei der Balance zwischen Herausforderung und Angst ist die Feinfühligkeit der Erziehenden und Lehrenden in hohem Maße gefordert.

Die Motiviertheit und Glaubhaftigkeit des Lehrenden

Emotionspsychologen und Neuropsychologen haben herausgefunden, dass zu Beginn einer jeden Begegnung und eines jeden Gesprächs die *Sympathie* und *Vertrauenswürdigkeit* des Gegenübers eingeschätzt wird. Dies geschieht innerhalb weniger Sekunden, zum Teil noch schneller, und meist völlig unbewusst über eine Analyse des Gesichtsausdrucks (besonders der Augen- und Mundstellung), der Tönung der Stimme (der sogenannten Prosodie), der Gestik und der Körperhaltung. Dieser „erste Eindruck" sagt allerdings nichts über die fachlichen Fähigkeiten und die Intelligenz der beurteilten Person aus, sondern nur, dass die Person vertrauenswürdig ist, und zwar langfristig.

Beteiligt an dieser schnellen Abschätzung von Vertrauenswürdigkeit und Sympathie sind vor allem der Mandelkern (die Amygdala) und die so genannte limbische Großhirnrinde, vornehmlich der vordere cinguläre und insuläre Cortex. Dies erklärt, warum der Prozess der Überprüfung der Glaubwürdigkeit so schnell und überwiegend unbewusst oder intuitiv verläuft. Diese Hirnzentren offenbaren die Selbsteinschätzung einer Person, ohne dass diese dies willentlich kontrollieren kann. Für die allermeisten Personen gilt: Man kann nur vertrauenswürdig wirken, wenn man vertrauenswürdig ist. Nur große Demagogen und „Psychopathen" können den Eindruck der Glaubwürdigkeit erwecken, ohne es zu sein.

Für die Unterrichtssituation gilt dies genauso. Schüler stellen bei der ersten Begegnung schnell und teils unbewusst, teils intuitiv fest, ob der Lehrende motiviert ist, seinen Stoff beherrscht und sich mit dem Gesagten identifiziert und damit vertrauenswürdig ist. Wenn ein in vielen Jahren des Lehrerdaseins ermüdeter und enttäuschter Lehrer Wissensinhalte vorträgt, von denen er selbst nicht weiß, ob sie überhaupt noch zutreffen, so ist dies in den Gehirnen der Schüler eine Aufforderung zum Weghören. Umgekehrt kann ein sehr engagierter Lehrer seine Schüler für nahezu jeden beliebigen Stoff begeistern. Der Lehrer ist für den Schüler eine Leitfigur, ein Vorbild, und dies müssen Schulreformbemühungen respektieren.

Dasselbe prägende Erlebnis der „ersten Minute" (bzw. Stunde) gilt natürlich auch für die Lehrenden: Sie entwickeln, etwa als Klassenlehrer, bei der ersten Begegnung mit den Kindern größtenteils vor- und unbewusst höchst individuelle Grundeinstellungen der Sympathie und Antipathie, die dann die weitere Interaktion mit den Kindern maßgeblich beeinflussen. Man muss sich deshalb als Lehrender der Bedeutung dieser Vorgänge sehr bewusst sein. Viele Lehrer haben bestimmte Schüler von der ersten Begegnung an auf dem „Kieker", ohne dass ihnen dies bewusst ist, und daran können die Betroffenen auch durch gute Leistungen oft nichts ändern. Umgekehrt kommen bestimmte Schüler von Beginn an gut mit bestimmten Lehrern aus und werden von diesen dann besonders günstig bewertet. Dies erklärt, warum ein Lehrerwechsel einige Schüler plötzlich deutlich besser oder schlechter werden lässt.

Die Art und Weise der Wissensvermittlung und Wissensaneignung

Zurzeit wird viel über die beste Unterrichtsform gestritten. Dabei wird vieles ausprobiert, ohne dass es genügend empirische Belege gibt. Das gilt auch für die zurzeit sehr populären Vorstellungen des „selbstregulierten" bzw. „selbstorganisierten" Unterrichts, der ohne tatkräftige Unterstützung des Lehrenden nicht auskommt (s. unten). Man wird sich deshalb dem von Hilbert Meyer (2004) empfohlenen „Abschied vom Traum der optimalen Unterrichtsmethode" anschließen müssen und stattdessen eine Mischung der drei Grundformen, nämlich von Frontal- und Lehrgangsunterricht, Gruppen- und Projektunterricht und Frei- bzw. Einzelarbeit praktizieren. Jede dieser drei Formen hat, wie Meyer feststellt, ihre typischen Vor- und Nachteile.

Alle Unterrichtsformen müssen das Ziel verfolgen, Wissen und Fähigkeiten so zu vermitteln, dass diese Inhalte möglichst langfristig im deklarativen bzw. prozeduralen Gedächtnis der Schüler hängenbleiben. Dagegen wird in unseren Schulen häufig verstoßen: Inhalte werden oft ohne Rücksicht auf Nachhaltigkeit und vornehmlich mit dem Ziel vermittelt, in einer Unterrichtsstunde mit dem Stoff „durchzukommen". Dies ist deshalb der Fall, weil der Lehrende es oft als eigenes Versagen ansieht, nicht „durchgekommen" zu sein. Es geht aber nicht darum, dass viel angeboten wird, sondern dass von dem Angebotenen viel hängenbleibt.

Hierbei sind die Prinzipien der Gedächtnisbildung grundlegend: Das erstmalig Gehörte oder Gelesene wird im Kurzzeit- und Arbeitsgedächtnis für wenige Augenblicke verarbeitet, gelangt dann stark gefiltert in das intermediäre Gedächtnis und schließlich nach Stunden über den Prozess der Konsolidierung in das Langzeitgedächtnis. Im Normalfall, d. h. ohne besondere Unterstützungsmaßnahmen, findet hierbei eine starke Informationsreduktion statt, d. h., es kommen nur Bruchteile der ursprünglichen Information im Langzeitgedächtnis an, und noch weniger Inhalte schaffen es, sich dort dauerhaft zu verankern. Alle Überprüfungen des Wissens, das junge Menschen fünf Jahre nach Schulabschluss noch besitzen, gelangen zu niederschmetternden Ergebnissen und legen den Schluss nahe, dass das deutsche Schulsystem nur einen geringen Wirkungsgrad besitzt. Sollte dem tatsächlich so sein, dann wäre dies eine ungeheure Verschwendung an personalen und finanziellen Ressourcen.

Um diesem Missstand vorzubeugen, ist eine radikale Reduktion der Unterrichtsinhalte aufgrund der Erkenntnis „weniger ist meist mehr“ notwendig. Es ist nutzlos, in einer gegebenen Zeitspanne mit höherem Druck mehr „Stoff“ durch den Flaschenhals des Arbeitsgedächtnisses hindurchzujagen, denn dabei kommt es wie im Straßenverkehr nur zu Staubildungen und Effektivitätsminderungen. Dies hängt mit den Eigenheiten des Arbeitsgedächtnisses zusammen, dessen momentane Fähigkeiten zur Aufnahme und Verarbeitung von Informationen (d. h. des gerade Gehörten oder Gelesenen) extrem beschränkt sind. Gleichzeitig gilt, dass nur dasjenige überhaupt ins intermediäre Gedächtnis weitergeleitet wird, das im Arbeitsgedächtnis *sinnhaft* verarbeitet wurde.

Weniger Stoff, sinnhaft vermittelt, ist deshalb wesentlich effektiver, d. h. anschlussfähiger und strukturierter, als mehr Stoff, der schlecht vermittelt wird. Insbesondere die Minderleistenden sind dabei die Leidtragenden, denn sie haben als ein Kerndefizit eine stark verlangsamte Informationsverarbeitung.

Zwingend für alle Unterrichtsformen ist weiterhin die Überprüfung des Vorwissens, also des aktuellen Wissensstandes der Schüler. Auch hier wird im Willen, schnell „zur Sache“ zu kommen, sträflich gesündigt. Vorwissen ist die Basis für alles neue Wissen, denn dieses entsteht nur durch eine neue Kombination bereits vorhandenen Wissens. Das Wissensgedächtnis hat sehr viele Module oder „Schubladen“, die im Prinzip zwar unabhängig voneinander arbeiten können, aber miteinander vernetzt werden können. Dabei werden unterschiedliche Aspekte eines bestimmten Lerninhalts (Personen, Geschehnisse, Objekte, Orte, Namen, Farben, der emotionale Zustand, die Neuigkeit usw.) in unterschiedlichen Schubladen abgelegt. Jeder Lehrende muss deshalb den jeweiligen Wissensstand des einzelnen Schülers kennen, und er muss den neuen Stoff diesem Stand anpassen. Wie Hilbert Meyer es formuliert: Der Lehrer muss nicht mit dem Stoff durchkommen, vielmehr muss der Stoff bei den Schülern ankommen, d. h. sich sinnvoll in das Vorwissen einfügen und sich mit ihm vernetzen.

Welche Unterrichtsform ist nun die Beste? Der *Frontal- oder Lehrgangsunterricht* ist auch heute noch die gängigste Form des Unterrichts, wenngleich viele Lehrer ihn – völlig zu Unrecht – mit schlechtem Gewissen abhalten. Der Frontalunterricht hat bei entsprechender Vorbereitung und entsprechendem didaktischen Können den großen Vorteil einer klaren Zielsetzung, Aufgliederung und Darbietung des Stoffes bei gleichzeitiger direkter Kontrolle des Ablaufs. Unterstützt wird dies alles durch die Ausstrahlungskraft des selbstbewussten, einfühlsamen und kompetenten Lehrers. Dieser Lehrer kann in flexibler Weise die einzelnen Schüler ansprechen und sie mitarbeiten lassen. Andererseits ist die Selbstkontrolle des Lehrers immer beschränkt, und er kann bei bester Vorbereitung und bestem Willen immer in Gefahr sein, die Schüler zu überfordern. Es ist gerade für junge Menschen schwer, derselben Person und derselben Stimme für mehr als 30 Minuten konzentriert zuzuhören. Deshalb sollte jeder Frontalunterricht in „einem Stück" eine solche Zeitgrenze von einer halben Stunde nicht überschreiten.

Der *Gruppenunterricht*, besonders als Kleingruppen-, Tandem- oder Partnerunterricht, bringt viel weniger kognitive Belastung mit sich, hat aber zugleich einen geringeren Wirkungsgrad. Er sollte entweder als kognitiv-emotionales Kontrastprogramm dienen, d. h. die Schüler beschäftigen sich in der Gruppe oder im Tandem mit anderen Aspekten des Themas, oder dasjenige, was der Lehrer „frontal" vorgetragen hat, wird vertieft. Wichtig hieran sind die kognitive Entlastung und das praktische Tun, die von hoher gedächtnisstützender Wirkung sind. Der eigentliche Wissensfortschritt ist hingegen geringer zu veranschlagen, d. h., gegen allen häufig bekundeten Optimismus bringen sich die Schüler gegenseitig kaum etwas bei. In vielen Schulstunden, die ich erlebt und auch mitgestaltet habe, schaute bei vier Teilnehmern einer desinteressiert in der Gegend umher, einer schaute interessiert zu, wie die restlichen zwei irgendetwas taten. Das ist nur durch erhebliche Mitwirkung des Lehrers, der von Gruppe zu Gruppe geht, berät und hilft, zu verbessern.

Anders sieht dies bei der *Projektarbeit* aus, bei der sich Lehrer und Schüler auf ein bestimmtes Thema und einen Projektablauf einigen. Hier wird die Eigeninitiative mehr gefordert und gefördert. Allerdings gilt auch hier, was Neubauer und Stern (2007) feststellen, nämlich dass ein solch kreatives Lernen den Begabteren mehr hilft als den weniger Begabten. Das Problem sind immer die generellen Langsamlerner und die Schüler mit größeren Wissensdefiziten.

Die *Einzelarbeit* ist in noch höherem Maße von der Persönlichkeit, dem Lernstil, dem Motivationszustand und dem Wissensstand des einzelnen Schülers abhängig und fordert deshalb einen besonderen diagnostischen und betreuenden Aufwand durch den Lehrer. Über „selbstorganisiertes Lernen" ist in letzter Zeit viel geschrieben worden, wobei hierbei vieles von älteren Reformschul-Konzepten übernommen wurde (Herold und Landherr, 2003). Abgesehen davon, dass Lernen als Wissenskonstruktion trivialerweise stets selbstorganisiert ist, ist die aktive Aneignung des Lernstoffes ein überaus wichtiger Teil des Lernerfolges. Aus Sicht der Neurobiologie kommt es hier zu einem Durchdringen kognitiver und exekutiver Prozesse bei der Konsolidierung („Learning by Doing"). Beim eigenen Handeln und Explorieren ist der Grad der Aufmerksamkeit, der direkt mit dem Lernerfolg korreliert ist, besonders hoch. Das explorative Lernen ist natürlich auch stark gelenkt vom Neugierverhalten. Neugierde stellt eine besondere Art von Selbstbelohnung für Wissenserwerb dar. Allerdings wird oft die Möglichkeit eines Schülers, sich Dinge selbstständig bzw. selbstorganisiert zu erarbeiten, überschätzt. Einzelarbeit hat ebenso wie Gruppen- und Tandemarbeit den Vorteil der kognitiven Entlastung, führt aber nur dann zu einem Wissensfortschritt, wenn den Kindern vorher beigebracht wird, wie man selbständig lernt, und das geschieht meist nicht.

Die Zeitstruktur des Unterrichts: Der 45-Minutentakt des Unterrichts ist als Regelfall höchst problematisch. Er lässt keine Zeit zur absolut notwendigen

Kontrolle des Wissensstandes der Schüler und ihrer individuellen Ansprache und ist unvereinbar mit einem Wechsel zwischen Frontal- und Gruppenunterricht, ganz zu schweigen vom selbständigen Lernen. Nötig sind, von Einzelfällen einer „geballten Wissensvermittlung" abgesehen, größere Unterrichtsblöcke von mindestens 1,5 bis 2 Zeitstunden, in denen, durch kleine Pausen getrennt, Frontal- und Gruppenunterricht sich abwechseln. Viel besser ist es, während eines ganzen Vormittags oder gar eines ganzen Tages ein Thema über eine Mischung von Frontalunterricht, Gruppenunterricht und Einzelarbeit zu behandeln.

Die eklatante Begrenztheit des Arbeitsgedächtnisses stellt in jedem Unterricht den begrenzenden Faktor des Wissensangebotes dar. Dies beinhaltet die Erkenntnis, dass niemand einem neuen Stoff für mehr als 5 Minuten konzentriert zuhören kann, und dass das Arbeitsgedächtnis dann Gelegenheit haben muss, „Atem" zu holen, d. h. das Gehörte oder Gelesene vorläufig zusammenzubinden und so ins intermediäre Gedächtnis abzulegen. Andernfalls „schiebt" die neue Information die alte aus dem Arbeitsgedächtnis heraus, und diese ist dann weg. Der Frontalunterricht von maximal 30 Minuten muss deshalb „arbeitsgedächtnis- und aufmerksamkeitsfreundlich" in kleine Portionen unterteilt werden (von Aufschnaiter, 2003), Dies bedeutet, dass der Stoff in kurzen 5-minütigen „Spannungsbögen" präsentiert werden muss, die von einer kurzen Zusammenfassung („wo stehen wir jetzt?"), einer spaßigen Bemerkung mit befreiendem Lachen, einem erläuternden Hinweis usw. unterbrochen werden.

Eingeleitet wird das Ganze durch eine klare Erläuterung dessen, was jetzt kommen wird. Dies erhöht die Aufmerksamkeit der Schüler. Abgeschlossen wird der Frontalunterrichtsblock durch eine Zusammenfassung unter dem Schlagwort „was haben wir jetzt gelernt?" Je strukturierter, desto besser, nur darf die Strukturiertheit nicht den Inhalt völlig beherrschen, wie es bei manchen Powerpoint-Vorträgen an den Hochschulen der Fall ist. Hier wird das visuelle Arrangement oft zum Hauptgegenstand der Aufmerksamkeit der Zuhörer.

Wiederholung ist das A und O des Lernens. Außer stark emotionalen Geschehnissen, die meist ungesteuert wirken, wird nichts mit einem Mal oder auch nur mit zwei Malen gelernt. Es empfehlen sich Wiederholungen in zunehmend längeren Abständen, z. B. nach sechs Stunden, d. h. am Nachmittag desselben Tages, nach zwei bis drei Tagen, zwei bis drei Wochen und zwei bis drei Monaten, und zwar unter Anwendung aktiven Erinnerns.

3. Abschlussbemerkung

Nichts von dem, was ich gesagt habe, ist inhaltlich wirklich neu. Vielmehr haben hervorragende Lehrer seit jeher intuitiv und durch Ausprobieren gewusst, wie man einen erfolgreichen Unterricht gestaltet, d. h. ein bestimmtes Wissen so vermittelt, dass es langfristig verfügbar bleibt, verstanden und mit anderen Wissensinhalten vernetzt wurde und praktisch anwendbar ist. Aber nicht jeder ist „von Natur aus" ein hervorragender Lehrer, und deshalb ist es wichtig, dass jeder angehende Lehrer die psychologisch-didaktisch-pädagogischen Prinzipien eines guten Unterrichts vermittelt bekommt. Hinzu kommt eine hinreichende Kenntnis der Entwicklungs- und Persönlichkeitspsychologie sowie der Lern- und Verhaltensstörungen. Die Neurobiologie kann diesem Wissen nur wenige neue Inhalte hinzufügen; erst recht kann sie nicht aus sich heraus Pädagogik und Didaktik ersetzen, wie gelegentlich behauptet wurde. Ihr Beitrag besteht in aller Regel darin, die Mechanismen aufzuzeigen, die dem Lehren und Lernen und den damit verbundenen kognitiven und emotional-motivationalen Prozessen zugrunde liegen. In Pädagogik und Didaktik ist vieles umstritten, und hier können Psychologie und Neurobiologie zusammen manchen Streit schlichten, indem sie das eine Lehr- und Lernkonzept als wissenschaftlich begründeter erklären als ein anderes (vgl. Roth, 2013). Allerdings gilt auch hier: Hohe Wissenschaftlichkeit ist das eine, die Bewährung in der Schulpraxis das andere. Psychologen, Neurobiologen, Pädagogen und Didaktiker müssen sich deshalb immer im Klaren darüber sein, dass das oberste Ziel der gute Unterricht ist.

Literatur

Aufschnaiter, C. von (2003): Prozessbasierte Detailanalysen der Bildungsqualität von Physik-Unterricht: Eine explorative Studie. Zeitschrift für Didaktik der Naturwissenschaften 9: 105-124.

Herold, M. und Landherr, B. (2003): SOL – Selbstorganisiertes Lernen. Ein systemischer Ansatz für den Unterricht. Schneider Verlag, Hohengehren.

Meyer, H. (2004): Was ist guter Unterricht? Cornelsen, Berlin.

Neubauer, A. und E. Stern (2007): Lernen macht intelligent – Warum Begabung gefördert werden muss. DVA.

Rost, D. H. (2009): Intelligenz. Fakten und Mythen. Beltz, Weinheim-Basel.

Roth, G.:
- (2009): Persönlichkeit, Entscheidung und Verhalten. Klett-Cotta, Stuttgart.
- (2011): Bildung braucht Persönlichkeit – Wie Lernen gelingt, Klett-Cotta, Stuttgart.
- (2013): Welchen Nutzen haben die Erkenntnisse der Hirnforschung für die Pädagogik? Zeitschrift für pädagogische Psychologie (2013).

Johannes Magenheim

Web 2.0 in der Schule

Bevor wir uns mit der Frage beschäftigen, wie Dienste und Angebote des Web 2.0 in der Schule sinnvoll in den Unterricht integriert werden können, erörtern wir zunächst einige Charakteristika des Web 2.0. Der Beitrag erläutert dann, wie das Web 2.0 aktuelle Formen des Lernens unterstützen und wie sich dies in der Gestaltung von Lernumgebungen niederschlagen kann. Schließlich werden einige ausgewählte Praxisbeispiele zum schulischen Lernen mit Diensten des Web 2.0 vorgestellt, sowie ein abschließendes Fazit zu dessen Lernpotenzialen gezogen.

1. Web 2.0 – Was ist das?

Die Anfänge des World Wide Web gehen auf die frühen neunziger Jahre des vorigen Jahrhunderts zurück, als Tim Berners-Lee am CERN in Genf für das schon längere Zeit vorher existierende Internet einen speziellen Dienst (WWW) mit einem dazu gehörenden technischen Kommunikationsprotokoll entwickelte. Dieses Hypertext Transfer Protokoll (HTTP) ermöglichte die Gestaltung von Webseiten in Form eines Hypertexts mit zahlreichen Verweisen (Links). Dadurch konnten Webseiten auf Computern im Internet weltweit miteinander vernetzt werden. Der Begriff *World Wide Web* wird seither oft als Synonym für das gesamte Internet verwendet. Im Laufe der Jahre hat sich dieses traditionelle Internet, nun als Web 1.0 bezeichnet, durch allmähliche Veränderungen zum Web 2.0 weiterentwickelt. Zu diesen Veränderungen haben neue Dienste und eine Qualitätsverbesserung der bestehenden beigetragen. Einige Aspekte dieser kontinuierlichen Veränderungen des ‚*Web*‘ sollen nun näher beleuchtet werden.

Interaktivität und Individualisierung

Die früher noch sehr statischen Webseiten, deren Layout oft von Rahmen und Tabellen geprägt war, und die nur über ein geringes Maß an Interaktivität verfügten, sind mittlerweile durch eine größere Anzahl von eingebundenen Medien und einer Vielzahl von Interaktionsmöglichkeiten wesentlich bunter und vielseitiger geworden. Nutzer können sich beispielsweise beim *Surfen* in die Webseite eingebundene Videos oder Diashows ansehen, Eingaben in Formulare machen und über die Webseite versenden, an interaktiven Spielen und Simulationen teilnehmen oder über die Webseite Dateien auf den eigenen Computer herunter- oder hochladen. Neue Techniken zum schnellen Aufbau von Webseiten ermöglichen darüber hinaus, dass Nutzer sich Webseiten, die sie häufig besuchen oder als Einstieg ins Web beim Surfen nutzen, individuell gestalten können. Mittels sogenannter *Mashups* können sie ihre bevorzugten Medieninhalte in diese Webseiten integrieren. Diese kleinen Anwendungen mit sehr eingeschränkten spezifischen Funktionen, wie z. B. Informationen über Wetter, Börse, aktuelle Nachrichten oder Wörterbücher werden als *Gadgets* bezeichnet. Die Medieninhalte werden beim Aufruf der Webseite im Browser des Nutzers angezeigt. Auf mobilen Endgeräten wie Handys und Tablet-Computern kommt *Apps* diese Aufgabe zu. Auch sie besitzen eine sehr spezifische Funktionalität, operieren jedoch als eigenständige kleine Programme und sind nicht in einen Browser integriert.

Mobilität und Allgegenwärtigkeit

Ein wesentliches Element des Web 2.0 sind die neu geschaffenen Zugangsmöglichkeiten mittels mobiler Endgeräte. Auf der Basis einer fast flächendeckenden Funkvernetzung ermöglichen mobile Endgeräte wie Laptops, PDAs oder *Smartphones* nicht nur von zu Hause oder vom Arbeitsplatz, sondern weitgehend ortsunabhängig den Zugang zum Web. Durch neue Übertragungstechniken wie z. B. LTE (Long-Term-Evolution) sind in den Funknetzen z. T. höhere Übertragungsgeschwindigkeiten möglich als beim klassischen kabelgebundenen DSL-Anschluss. Mit den vielfältigen multimedialen Fähigkeiten der Smartphones lassen sich ad hoc Kurzmitteilungen, Bilder und Videos ins Web hochladen. Diese und andere Daten werden so nicht auf dem heimischen Desktop, sondern auf zentralen *Servern* gespeichert und sind für den Nutzer im Prinzip von jedem Ort der Welt mit Internetzugang abrufbar. Man spricht daher auch von *Cloud-Computing*, da die Daten in einer für den Nutzer nicht genau erkennbaren Wolke von vernetzten Computern gespeichert sind.

Da die meisten Smartphones mittlerweile auch über GPS-Funktionen verfügen, kann ihre geografische Position auf wenige Meter genau bestimmt werden. Dies kann beispielsweise zur Navigation genutzt werden. Darüber hinaus integrieren ortsbezogene Dienste (Location-based Services) vom Nutzer gewünschte Hinweise in die Navigationskarten, wie z. B. Lage der nächstgelegenen Sehenswürdigkeiten, Cafés und Restaurants, Geldautomaten etc. Diese Entwicklungen im Web 2.0 fördern eine ortsunabhängige Variabilität von Lern- und Arbeitsorten. Sie reduzieren die Trennung von Privatheit und Öffentlichkeit, von Freizeit und Unterhaltung, von Lernen und Arbeiten. Damit gewinnen auch informelle und nicht formale Lernprozesse außerhalb klassischer Bildungseinrichtungen sowie die Verbindung von schulischen und außerschulischen Lernprozessen eine höhere Bedeutung.

Wandel der Nutzerrolle

Die vielfältigen medialen Angebote des Web 2.0 bieten Nutzern nicht nur die Chance, diese Inhalte zu konsumieren. Sie können auch aktiv in die Gestaltung von Inhalten eingreifen, und selbst als Produzenten tätig werden. Dieser Rollenwandel vom Konsumenten zum Produzenten wird international mit dem Begriff *Prosumer* bezeichnet. Mittels Techniken des Web 2.0 können Texte oder beliebige Medienobjekte in öffentliche oder nur für bestimmte Gruppen zugängliche Arbeitsbereiche (*Shared Workspaces*) eingestellt werden. So können Nutzer selbstgestaltete Bilder, Videodateien (*Videocasts*) und Hörbeiträge (*Podcasts*) ins Web stellen und den Zugriff darauf mit ausgewählten anderen Personen oder mit der Allgemeinheit teilen. Webseiten, die derartige Dienstleistungen für Nutzer zur Verfügung stellen, werden auch als *Portale* bezeichnet. Ein bekanntes Portal für die Webpräsentation von Videos ist z. B. *YouTube*, für Bilder sind dies z. B. *Flickr* und *Picasa*. Selbst erstellte Inhalte im Web können mit Schlagworten (*Tags*) klassifiziert, mit Kommentaren annotiert und mit Links versehen werden, die man einer gewünschten Zielgruppe zur Verfügung stellen kann.

Eine besondere Form individueller Texterstellung im Web 2.0 ist ein *Blog*, als Abkürzung von Weblog. Ein Blog ist auf den ersten Blick nichts anderes als eine regelmäßig aktualisierte, themenspezifische oder persönliche Webseite mit chronologisch sortierten Beiträgen. Man könnte es auch als persönliches Tagebuch im Web bezeichnen. Die Einträge in den *Blog*, auch als *Posts* bezeichnet, verweisen per Link oft auf die Seiten anderer *Blogger* oder auf thematisch passende Webseiten. Durch diese oft wechselseitige Referenzierung gewinnen Blogs, anders als beim Publizieren auf traditionellen Homepages oder bei der Diskussion in Newsgroups und Foren, eine neue Qualität. Es entsteht eine *Blogosphäre*, in der sich kleinere und größere z. T. über den Globus verteilte Gruppen in einem ständigen Austausch miteinander befinden. Derartig organisierte Blogger haben in einigen Fällen auch enormen politischen Einfluss entwickelt.

Medienintegration

Da mittlerweile auch die überwiegende Mehrzahl von Anbietern klassischer Medien, wie Zeitung, Rundfunk und Fernsehen eine eigene Webpräsenz besitzt, werden über deren Portale auch viele der jeweiligen Medienangebote in Form von Pod- und Videocasts oder live als *Streaming Media* angeboten. Damit zeichnet sich auch eine Verschmelzung von klassischen Massenmedien mit dem Internet im Web 2.0 ab. Digitale Medienangebote von Einzelnen, privaten Gruppen, Institutionen und Medienanstalten sind auf diese Weise orts- und zeitunabhängig im Web 2.0 abrufbar. Digitaler Rundfunk und Fernsehen können mit steigender Tendenz auch live und mobil über das Web 2.0 empfangen werden.

Webbasierte Kooperation

Neben dem individuellen Gestalten von Dokumenten und von Medienobjekten wird im Web 2.0 das kooperative Generieren von Medieninhalten durch diverse Kooperations- und Kommunikationsdienste wesentlich unterstützt. Die derart erzeugten Medieninhalte werden als *nutzergenerierte Inhalte* bzw. als *user-generated content* bezeichnet. Oft ist der Zugriff auf derartige Inhalte kaum oder nicht beschränkt (*open content*), allerdings stellt sich auch die Frage nach der Qualitätssicherung derartiger Quellen im Web. Ein wichtiges Instrument zum kooperativen, meist asynchronen Schreiben im Netz sind *Wikis*. Mehrere Nutzer können über das Web zu einem Wiki-Artikel beitragen. Diese Beiträge können wechselseitig online kommentiert und inkrementell verbessert werden. Auf diese Weise können z. B. ortsverteilte Arbeitsgruppen ihre Arbeit effektiv organisieren. Manche Portale, wie *Google Docs* ermöglichen sogar das synchrone Online-Edieren von Dokumenten durch mehrere Autoren. Wikis können öffentlich zugänglich oder ihre Nutzung auf eine Gruppe beschränkt sein. Wikis für geschlossene Nutzergruppen können neben geteilten Arbeitsbereichen in internen Netzen (*shared workspaces*) ein wichtiges Element des organisationalen Wissensmanagements sein. Dies trifft auch für schulinterne Wikis und geteilte Arbeitsbereiche auf Schul-Servern oder im Web, z. B. in *Dropbox,* zu. Eines der bekanntesten öffentlichen Wikis ist das Online-Lexikon *Wikipedia*. Die kreative Schaffenskraft von Vielen hat zu diesem bekannten Nachschlagewerk beigetragen. Man spricht daher im Web 2.0 hinsichtlich dieser kooperativen Aktivitäten auch von *kollektiver Intelligenz* (*Wisdom of the Crowds*). Das kooperative Gestalten und Teilhaben an webbasierten Dokumenten ist aber nicht nur auf Texte beschränkt. Web 2.0-Techniken ermöglichen das gemeinsame Gestalten oder zumindest das gemeinsame Ansehen von *Gruppenkalendern* (z. B. Google Calendar), *Terminplanern* (Doodle), *webbasierten Umfragen* (z. B. SurveyMonkey), Bildern (z. B. Flickr), Video- und Audiodateien (z. B. YouTube) sowie Präsentationen (z. B. Slideshare, Prizi).

Semantik – Bedeutung von Medieninhalten im Web

Das gemeinsame Erzeugen von Wissen im Netz erfolgt auch über das Bewerten und Teilen von Wissensquellen. Durch das Vergeben von Schlüsselworten, sogenannten *Tags*, an einen Medieninhalt im Web wird diesem eine Bedeutung zugewiesen. Wenn das viele tun, kann man sehen, ob der gleiche Medieninhalt von einer Vielzahl von Personen in seiner Bedeutung gleich eingeschätzt wird, oder ob es abweichende Einschätzungen gibt. Durch dieses *Soci-*

al Tagging können Inhalte im Web hinsichtlich ihrer Bedeutung, also ihrer Semantik, klassifiziert werden. Unter dieser Perspektive bezeichnet man das Web 2.0 auch als *Semantic Web*. Eine Form, Informationen im Web zu teilen und sie gleichzeitig kooperativ zu klassifizieren, bildet das Teilen von Lesezeichen, das *Social Bookmarking*. Lesezeichen werden dabei mit Tags klassifiziert und auf einer Webseite öffentlich oder einer Gruppe zugänglich gemacht (z. B. http://delicious.com/).Dabei kann man oft sehen, welche Tags Andere schon vergeben haben. Neben ganzen Webseiten können aber auch einzelne Medienobjekte im Web mit Tags versehen werden.

Mit Anderen kann man im Web 2.0 neben Links und Lesezeichen z. B. auch Literaturreferenzen teilen (z. B. http://www.mendeley.com). Auch Personen können hinsichtlich ihres Wissens als Experten klassifiziert und somit *getaggt* werden. Diesen Prozess nennt man *People Tagging*. Das Konzept des People Tagging beruht auf der Annahme, das Wissen nicht nur in Dokumenten, sondern auch in den Köpfen von Personen gespeichert ist. Autoren von Dokumenten können daher über diese und ihre anderen Aktivitäten im Netz mit einer spezifischen Expertise in Verbindung gebracht werden. Auf diese Weise können Medienobjekte und Expertise im Web 2.0 besser gefunden und bei einer gesuchten Problemlösung ausgewertet bzw. befragt werden. Systeme, die mit solchen semantischen Bewertungen arbeiten, nennt man *Empfehlungsdienste* oder *Recommender Systems*. Die von einer großen Menge von Internetnutzern (Folks) erzeugten Bewertungen mittels Tags nennt man *Folksonomy*. Der zweite Teil der Wortschöpfung leitet sich aus dem Wort Ontologie ab. Eine Ontologie ist ebenfalls ein Klassifikationssystem, das in der Regel aber von Experten entwickelt wurde. Einige empirische Untersuchungen belegen, dass die durch die Weisheit der Massen im Internet erzeugten Bewertungssysteme (Folksonomies) bei der Informationsbeschaffung (*Information Retrieval*) oft ähnlich leistungsfähig sind wie die durch Experten gestalteten Ontologien.

Webbasierte Kommunikation

Ein wesentliches Element der webbasierten Kommunikation im Web 2.0 ist neben den klassischen Kommunikationsdiensten, wie E-Mail, Chat und Newsgroups der *RSS-Feed* (Really Simple Syndication). Mit diesem Dienst werden Nutzer kontinuierlich auf Veränderungen in Webseiten aufmerksam gemacht. Man muss dazu einen RSS-Feed dieser Webseite abonnieren und kann sie sich dann z. B. mittels eines Feedreaders, der in den Browser integriert ist, anzeigen lassen. Möchte jemand im Web der Öffentlichkeit oder einem Freundeskreis eine Kurznachricht zukommen lassen, können kurze Statements auch über einen *Microblog*-Dienst (z. B. Twitter) versandt werden. Microblogs haben eine mit einer SMS vergleichbare Länge von 160 Zeichen. Man kann solche Statusmeldungen (*Tweets*) auch abonnieren und wird damit zum *Follower* einer Person, der über deren aktuelle Statusmeldungen automatisch informiert wird. Das Web 2.0 bietet ferner die Möglichkeit mit einer anderen Person oder einer Gruppe einen *Live-Audiochat* bzw. eine *Videokonferenz* zu organisieren (z. B. Skype) oder von einem Ereignis, z. B. einem Meeting, einen *Live-Videostream* zu präsentieren.

Soziale Netzwerke

Durch die oben beschriebenen vielseitigen Kooperations- und Kommunikationsmöglichkeiten und die Verlinkungen im Web 2.0 entsteht ein *soziales Netzwerk* von Personen, die durch ihre Aktivitäten im Web miteinander verbunden sind. Als *Social Software* oder *Social Media* werden Softwaretools bezeichnet, die diese Netzwerkbildung unterstützen. Hierzu zählen u. a. Wikis, Blogs und Microblogs, aber auch webbasierte Kommunikationsplattformen, in denen die Mitglieder für die Öffentlichkeit oder auch nur für Gruppen oder Einzelpersonen sichtbare Statusmeldungen hochladen und teilen können (z. B. Facebook, Xing, LinkedIn). Solche Statusmeldungen können auch Bilder und Videos beinhalten, die wiederum von anderen markiert und verlinkt werden können. Änderungen von Statusmeldungen können bei entsprechenden Einstellungen des Nutzerprofils dieser Plattformen auch per E-Mail versandt werden, sodass man immer über die aktuellen Aktivitäten von befreundeten Personen informiert ist. Diesen Prozess des Informiertwerdens, was andere tun bezeichnet man als *Awareness*.

2. Web 2.0 und neue Sichten auf das Lernen

Viele der oben beschriebenen Dienste und Angebote des Web 2.0 ermöglichen Formen des Lernens, die auch von neueren Lerntheorien für effizientes und motivierendes Lernen eingefordert werden. Schülerinnen und Schüler kommt beispielsweise bei der Recherche im Web und bei der themenbezogenen Kooperation und Kommunikation in sozialen Netzwerken eine aktive Rolle zu, während die Rolle des Lehrenden häufig die eines Beraters und Unterstützers von Lernprozessen ist. Kooperative Projekte im Web, wie etwa das kooperative themenbezogene Schreiben in einem Wiki, ermöglichen die Situierung des Lernens in Problembereichen, die in der Alltagswelt der Schüler verankert sind. Lernen im Web bedeutet oft Lernen in und an der Realität mit der Unterstützung und im Diskurs mit Gleichaltrigen. Auf diese Weise wird es Schülern auch ermöglicht, einen Lerngegenstand aus unterschiedlichen Perspektiven zu erschließen und diese zum Teil divergierenden Sichten zu prüfen und ggf. in Übereinstimmung zu bringen. Damit wird insgesamt Erkenntnissen konstruktivistischer Lerntheorien Rechnung getragen, die Lernen als einen vom Lerner individuell zu leistenden sozialen Prozess der Rekonstruktion von Wirklichkeit begreifen. Lernern kommt dabei eine aktive erkundende Rolle zu und weniger die Rolle eines passiven Rezipienten, der den vom Lehrer vorgetragenen Lerninhalt konsumiert.

Da das Web den Schülern nicht nur in der Schule, sondern auch zu Hause und in der Freizeit zur Verfügung steht, bietet es gute Chancen für eine Verbindung von formellem Lernen in der Schule und informellen außerschulischen Lernprozessen. Dabei verwischen sich die Grenzen zwischen Lernen und Unterhaltung, ernsthaftem, zielgerichtetem Lernen in der Schule und spielerischem Lernen in der Freizeit. Die Begriffe *Edutainment* (das Verschmelzen von Education und Entertainment), *Gamification* das Verwenden spielerischer Elemente außerhalb traditioneller Spiele, z. B. beim Lernen und der Ansatz des *Game-based Learning* (Lernspiele) charakterisieren diesen Trend. Auch das mobile Lernen im Web 2.0 leistet einen Beitrag zur Variabilität der Lernorte und zur Öffnung von Schule hin zu außerschulischen Lernorten. Der oben beschriebene Trend zur Allgegenwärtigkeit dieses Angebots gibt zugleich Impulse für ein *Lebenslanges Lernen*, das auch im Hinblick auf das Lebensalter der Beteiligten und die Dauer von Lernprozessen, die Grenzen schulischen Lernens überschreitet. Die multimedialen Angebote des Web ermöglichen ferner, sich Themen nicht nur über Texte, sondern auch in Form von Bildern, Videos, Audios und interaktiven Simulationen zu erschließen. Wenn diese Angebote zielgruppenorientiert aufbereitet sind und den Ansprüchen kognitiver Lerntheorien über die menschliche Informationsverarbeitung entsprechen, z. B. eine simultane Überfrachtung der Informationen auf den verschiedenen menschlichen Sinneswahrnehmungskanälen vermeiden, können auch diese Angebote des Web 2.0 einen sinnvollen Beitrag zu motivierendem effizientem Lernen leisten. Abschließend sei noch auf die relative neue Lerntheorie des Konnektivismus verwiesen, nach der es vor allem darauf ankommt zu lernen, wie man sich Wissen erschließt. Vor allem das Wissen über themenbezogene Wissensquellen, seien es nun Dokumente oder Experten, ist nach dieser Lerntheorie entscheidend für den Lernerfolg. Die sozialen Netzwerke des Web 2.0 und die kooperativ erstellen Bewertungs- und Empfehlungssysteme unterstützen diesen Ansatz zum Lernen in nahezu idealer Weise.

3. Learning Management Systeme und persönliche Lernumgebungen

Learning Content Management Systeme (LCMS) mit einer webbasierten Zugangsmöglichkeit für die Nutzer haben für das Lernen in Schulen mittlerweile eine hohe Bedeutung erlangt. Ein LCMS ist eine Weiterentwicklung eines Learning Management Systems (LMS) und besteht in der Regel aus einem Server mit einer Datenbank (Repository oder Content Management System). Auf der Seite der Nutzer gibt es eine browserbasierte Schnittstelle zu den verschiedenen Bereichen des LCMS, in das auch verschiedene oben beschriebene Web 2.0-Dienste eingebunden sein können. Als wichtigste Funktionen eines LCMS sind zu nennen: ein Verwaltungssystem für Lerngruppen, Kurse, Lehrkräfte und von Lerninhalten; ein Gruppenkalender und Terminplaner; Kommunikationstools für die asynchrone und synchrone Kommunikation der Lernenden untereinander (E-Mails, Chats, Foren etc.); Bewertungs- und Rückmeldungstools; Berichts- und Formularwerkzeuge; Autorentools zum kooperativen Erstellen von Inhalten. Leistungsfähige LCMS sind mittlerweile als Open-Source-Produkte frei verfügbar wie z. B. Moodle (vgl. http://moodle.de) oder Ilias (vgl. http://ilias.de). Allerdings müssen sie bei der Installation an die spezifischen Bedürfnisse einer Schule angepasst werden, z. B. hinsichtlich der grafischen Gestaltung der Webschnittstelle. Ein LCMS kann in Schulen, sowohl von den Lehrkräften für Zwecke der Unterrichtsvorbereitung und der Schulentwicklung als auch von Schülerinnen und Schülern im Unterricht vielfältig genutzt werden. So können sich beispielsweise Lehrerarbeitsgruppen gemeinsam für Unterrichtsvorhaben vorbereiten, Lernmaterialien recherchieren und für Schüler bereitstellen, kooperativ Kurse verwalten, externe Experten in die schulische Arbeit mit einbeziehen, Verwaltungsarbeit abwickeln, etc. Für Lerngruppen ergeben sich neben dem Zugang zu virtuellen Klassenräumen mit themenbezogenem Lernmaterial vor allem Chancen zu kooperativem Arbeiten auch außerhalb des Kontextes des realen Klassenraums und unter Einbezug von externen Interessierten. Damit wird für schulisches Lernen die Möglichkeit eröffnet, formelles Lernen über den Kontext der eigenen Schule hinaus zu erweitern und mit informellem außerschulischem Lernen zu verbinden.

Werden Techniken des Web 2.0, wie z. B. Mash-Ups eingesetzt, um individualisierte Benutzungsoberflächen für Lerner zu gestalten, spricht man von *Persönlichen Lernumgebungen* (PLE). Sie repräsentieren, im Gegensatz zu Nutzungsoberflächen von Learning Managementsystemen, eine sehr persönliche Sicht auf gerade anstehende Arbeits- und Lernprozesse der Lernenden. PLEs ermöglichen es den Nutzern, Informationsquellen und Wissenswerkzeuge (Cognitive Tools) entsprechend den gerade anstehenden Aufgaben und Problemen individuell so zu arrangieren, dass Wissenserwerb und Lernprozesse entsprechend den individuellen Bedürfnissen optimal unterstützt werden. Diese Cognitive Tools werden, wie oben schon beschrieben, als kleine browser-basierte Programme (*Gadgets, Widgets*) in die Nutzungsoberfläche eingebunden und befähigen die Anwender u. a. zu folgenden Tätigkeiten beim Umgang mit Daten und Informationen: Daten manipulieren, analysieren, (verteilt) speichern, präsentieren, über sie reflektieren, aggregieren und visualisieren, sie mit anderen teilen und dabei soziale Netzwerke bilden (vgl. Hughes 2009).

4. Web 2.0 in der schulischen Praxis

Nachdem wir uns bisher mit wichtigen Charakteristika des Web 2.0 beschäftigt und sein grundlegendes pädagogisches Potenzial diskutiert haben, sollen nun beispielhaft Nutzungsmöglichkeiten von Web 2.0-Techniken in den Unterrichtsfächern vorgestellt werden. Dabei ist zu unterscheiden, dass Dienste des Web 2.0 einerseits als lernunterstützende Medien in den Fächern eingesetzt werden können. Unter dieser Perspektive sind von den Lehrkräften mediendidaktische und fachdidaktische Entscheidungen zu treffen, wie sie Dienste des Web 2.0 zur Gestaltung ihres Fachunterrichts nutzen wollen. Andererseits kommt den Diensten des Web 2.0 auch eine medienpädagogische Funktion zu. Im Sinne einer in die traditionellen Schulfächer eingebundenen integrativen Medienbildung geht es dann darum, dass Schülerinnen und Schülern mittels des Web 2.0 Medienkompetenz erwerben. Hierzu gehört nicht nur die Vermittlung von Kenntnissen über das Web 2.0 und die Anwendung seiner Dienste, sondern auch das aktive Gestalten von Medienprodukten und den Aufbau einer kritisch-reflektierenden Haltung zum Umgang mit den digitalen Medien, insbesondere mit den Diensten des Web 2.0.

Angesichts der begrenzten Darstellungsmöglichkeiten in diesem Beitrag können die einzelnen Unterrichtsprojekte nur knapp skizziert werden. Tabelle 1 gibt einen Überblick, wie vielfältig die Einsatzmöglichkeiten des Web 2.0 im Unterricht sein können. Viele der genannten Unterrichtsprojekte bieten nicht nur mediale Unterstützung durch Web Tools in den Fächern, sondern eröffnen gleichzeitig einen integrativen, fächerübergreifenden Zugang zur Medienbildung und ermöglichen Schülerinnen und Schüler den Erwerb von Medienkompetenzen.

Mit dem Einsatz *mobiler Endgeräte* (Handys, Laptops, PDAs) lässt sich eine Verbindung von außerschulischen Lernorten mit dem schulischen Unterricht herstellen. Es gibt eine Reihe guter Unterrichtsprojekte, die dies eindrucksvoll dokumentieren: Etwa im Biologieunterricht bei der Bestimmung von Pflanzen und ihren jeweiligen Standorten oder im Geschichts- und Sozialkundeunterricht, bei Exkursionen zu historischen Stätten und Kulturdenkmälern. Bei diesen Unterrichtskonzepten werden die GPS-Daten sowie das von den Schülern mit den mobilen Geräten vor Ort erstellte Text-, Bild- und Videomaterial an eine Datenbank auf dem Schulserver übermittelt und im Unterricht dann kollaborativ ausgewertet. Ein über die Grenzen Großbritanniens hinaus bekanntes kollaboratives '*Mobile Learning*'-Projekt an Schulen in Wolverhampton bezieht sogar Sozial- und Elternarbeit in das mobile Lernen mit ein. Mittels mobiler Endgeräte können auch Exkursionen in Betrieben und Museen im schulischen Unterricht vor- und nachbereitet werden. Darüber hinaus können diese Endgeräte in Museen zusätzliche Information zu den Exponaten liefern und so zu einer kreativen Erkundung der Ausstellung (z. B. Schnitzeljagd, Schatzsuche) beitragen.

Eine weitere kreative Form der Erschließung von Lerninhalten bilden WebQuests. Mit WebQuests können Schülerinnen und Schülern in webbasierten Lernumgebungen komplexere problemorientierte Aufgabenstellungen inklusive der zugehörigen Materialien angeboten werden, um im Zuge eines kooperativen Problemlöseprozesse seinerseits Wissen zu vermitteln und andererseits selbstgesteuertes, handlungsorientiertes Lernen und den Erwerb von Medienkompetenz zu fördern.

Mit Techniken und Diensten des Web 2.0, wie z. B. Blogs, Podcasts und Videocasts können in fast allen schulischen Fächern sowie in fächerverbindenden oder schulübergreifenden Projektenmedien bezogene und fachliche Kompetenzen erworben werden. Hierbei können z. B. Blogs als webbasierte, individuelle oder kollaborative Lerntagebücher geführt und im Sinne eines Portfolios zum Nachweis von den Schülern erworbener Kompetenzen genutzt werden. Audio- und Videoproduktionen über ein fachbezogenes Themengebiet dienen nicht nur im Sinne eines handlungsorientierten Unterrichts der Dokumentation des von den Schülern recherchierten und aufbereiteten Wissens. Sie erwerben bei der Produktion dieser digitalen Medien zugleich auch Medienkompetenz. Gleiches gilt auch für die kreative Gestaltung von Webseiten, etwa im Kunst- oder Informatikunterricht.

Wikis ermöglichen eine kollaborative Erstellung von Dokumenten und können als ergebnissicherndes Medium genutzt werden, das die Resultate des gemeinsamen Lernens dokumentiert. Sie können nicht nur in schulinternen, sondern auch in verteilten Lerngruppen, etwa bei schulübergreifenden Projekten, eingesetzt werden. Als auf die Kommune oder die Region bezogene Wikis (*Stadtwikis*) leisten sie einen Beitrag zur Öffnung von schulischem Unterricht hin zum kommunalen schulischen Umfeld. Im Fremdsprachenunterricht eröffnen Wikis auch Chancen zur interkulturellen Kommunikation.

Mittels der oben beschriebenen *‚Social Media'* lassen sich für geschlossene und offene Benutzergruppen themenbezogene Diskussionsforen einrichten, die mittels Statusmeldungen und Blogeinträgen eine Diskussion themenbezogener Probleme innerhalb und außerhalb von Lerngruppen ermöglichen. Auf diese Weise können z. B. temporäre virtuelle Gemeinschaften (*Communities of Practice*) entstehen, die auch externe Personen in die Diskussion mit einbeziehen. Wissen erschließt sich für Schüler damit nicht nur aus traditionellen Lernmedien, sondern auch aus dem Wissen beteiligter Experten.

Einen spielerischen Zugang zum Lernen in webbasierten Lernumgebungen bieten *Serious Games* etwa zur Auseinandersetzung mit historischen oder politischen Themen oder zur Berufswahl.

Das Web 2.0 und seine Möglichkeiten und Lernpotenziale sollte zugleich aber auch, etwa im Sozialkundeunterricht und im Rahmen einer integrativen Medienbildung in allen Fächern, ein wichtiger Unterrichtsgegenstand sein. Schülerinnen und Schüler sollten im Unterricht einen kritischen und verantwortungsvollen Umgang mit diesem Medium einüben.

Hierzu gehört die Einsicht, dass man im Web Datenspuren hinterlässt und schnell zur gläsernen Persönlichkeit mutieren kann. Ein verantwortungsvoller Umgang mit persönlichen Daten und Kenntnisse, wie man Prinzipien des Datenschutzes auch im Web 2.0 sicherstellen kann, gehören ebenso zu diesem *Verantwortlichkeitsprinzip*, wie die Achtung vor dem geistigen Eigentum Anderer (*Urheberrecht*) und deren Persönlichkeitsrechten (Verzicht auf *Cybermobbing*).

Fächerabkürzungen: D: Deutsch; FS: Fremdsprachen; Ge: Geschichte; Geo: Geografie; Inf: Informatik; Ku: Kunst; Nat: Naturwissenschaften; Sk: Sozialkunde; T: Technik; CoP: Communities of Practice

Fach	**Web 2.0-Tool**	**Unterrichtsgegenstand**	**Medienkompetenz**
Alle	Wiki als Lernplattform	Kooperatives Schreiben im Web	Wandel von Kooperations- und Interaktionsstrukturen
D, Sk	Netzbasierte Spiele, virtuelle Welten	Umgang mit interaktiven Medien, fachliche Inhalte produzieren	Reflexion eigenen Rollenverhaltens
FS, alle	Podcasts, Videoclips, Streaming Media	Kommunikation in einer Fremdsprache	Medienproduktion
FS, Geo, alle	Chat, Blog, Wiki, Microblogging	Interkulturelle medienvermittelte Kommunikation, authentisches Lernen	Nutzung digitaler Kommunikationsmedien
Alle	LMS, PLME	Verbreiten von Lernmaterial, Lernorganisation, Portfolio themenbezogene Kommunikation	Nutzen der Funktionen einer Lernplattform, einer PLME
Alle	PDA, Handys, PLME	Zugang zu Lerninhalten, kooperative Inhaltserstellung	Medienproduktion
D, Sk, Ge	Soziale Netzwerke, virtuelle Gemeinschaften	Umgang mit interaktiven Medien, CoPs, Experten finden, Inhalte erstellen	Soziale-virtuelle Identität, Gesellschaftlicher Wandel der Medien

Alle	E-Portfolio	Mediale Unterstützung von Lernprozessen	Umgang mit PLME; Kollektionen, Tagging
Nat	Fernexpe-rimente, Simulatio-nen	Interaktive mediale Unterstüt-zung von fachspezifischen Lernprozessen	Medienevaluation (reales – virtuelles Experiment)
Sk	Facebook u. a.	Soziale Netzwerke, Datenschutz	Medienkritik
Ku, T, Inf	Virtuelle Museen, re-ale (mobile) Erkundung	Virtuelle, (reale) Erkundung von Museen	Medienreflexion
Ku, Inf	Webseiten-gestaltung	Softwareergonomie Visuelle Kommunikation	Ästhetische Komponente Medienverstehen

Tabelle 1: Einsatz von Web 2.0-Tools im Unterricht

Literatur

Albers, Carsten; Magenheim, Johannes; Meister, Dorothee (Hrsg.) (2011) Schule in der digitalen Welt, Medienpädagogische Ansätze und Schulforschungsperspektiven, Heidelberg.

Alby, Tom (2007): Web 2.0.: Konzepte, Anwendungen, Technologien, München.

Hughes, Jenny (Hg.) (2009): TACCLE – Teachers' Aids on Creating Content for Learning Environments. The E-learning Handbook for Classroom Teachers, Brussels. (auch: http://www.taccle.eu).

Pachler, Norbert, Bachmair, Ben, Cook, John (2010): Mobile Learning: Structures, Agency, Practices, New York.

Voogt, Joke/Knezek, Gerald A. (Hg.) (2008): International Handbook of Information Technology in Primary and Secondary Education, New York.

DOMINIK BECKER, ROLF STRIETHOLT,
JASMIN SCHWANENBERG, WILFRIED BOS

Ganztagsschule – ganz gut?

1. Theoretischer Hintergrund: Befunde aus der Ganztagsschulforschung

Die Stärkung von Schülerleistungen einerseits und mehr Bildungsgerechtigkeit andererseits sind ein erklärtes Ziel der Bildungsadministration (z. B. Schavan, 2005; Ahnen, 2005). Aus internationalen Schulleistungsstudien wie z. B. PISA ist jedoch bekannt, dass beide Ziele in Deutschland bislang nur unzureichend erreicht werden konnten.

Betrachtet man beispielsweise Deutschland und das oft als „PISA-Musterschüler" bezeichnete Finnland, so wird deutlich: *Erstens* ist in Deutschland der Zusammenhang zwischen sozialer Herkunft und Leseleistung vergleichsweise stark und in Finnland vergleichsweise schwach ausgeprägt. *Zweitens* liegt die Leseleistung für Schülerinnen und Schüler mit vergleichbarer sozialer Herkunft in Deutschland am unteren und in Finnland am oberen Ende der Vergleichsgruppe. Und *drittens* geht die soziale Selektivität des Bildungssystems hierzulande nicht – wie man vielleicht vermuten könnte – zugunsten einer besonderen „Elitenförderung".

Eine Vermutung, die sich an viele internationale Forschungsbefunde anschließt, ist die, dass der starke Zusammenhang zwischen sozialer Herkunft und Schulerfolg hierzulande zum einen an der vergleichsweise frühen Gliederung des Schulsystems liegt, und zum anderen die Schülerinnen und Schüler in Deutschland vergleichsweise wenig Zeit in der Schule verbringen (vgl. Alba et al. 2011).

Aus diesem Grund ist jüngst ein Wandel der Bildungslandschaft hin zum Ausbau von Ganztagsschulen zu beobachten. So ist dem Report „Gut angelegt" vom Bundesministerium für Bildung und Forschung (2009) zu entnehmen:

- es wurden über „[v]ier Milliarden Euro (...) zwischen 2003 und 2009 für den Auf- und Ausbau von Ganztagsschulen zur Verfügung gestellt"
- „Das Investitionsprogramm ‚Zukunft Bildung und Betreuung' (...) war eines der ehrgeizigsten bundesweiten Schulentwicklungsvorhaben."
- „Eine erste Bilanz verdeutlicht die Vielfalt und die guten Erfolge des Programms."

Die zugrunde liegende Annahme des Ausbaus von Ganztagsschulen ist, dass sich durch die im gebundenen Ganztag (mindestens drei Tage pro Woche wird ein Angebot über den Vormittag hinaus bereitgestellt, das täglich mindestens sieben Zeitstunden umfasst; vgl. z. B. KMK 2006) zur Verfügung stehende erweiterte Lernzeit und einen außerunterrichtlich anregungsreichen Kontext sowohl neue Lernformen als auch Möglichkeiten individueller Förderung ergeben, wie sie im konventionellen Halbtagsunterricht nicht durchführbar sind. Als Folge wird angenommen, dass somit sowohl Schulleistungen insgesamt verbessert als auch Schülerinnen und Schüler mit ungünstigeren Startbedingungen verstärkt gefördert und zu besseren Leistungen und den damit verbundenen Bildungsabschlüssen geführt werden können (vgl. dazu auch weiter unten). In diesem Zusammenhang ist darauf hinzuweisen, dass die Mittel zum Ausbau von Ganztagsschulen aus dem Investitionsprogramm „Zukunft Bildung und Betreuung" (IZBB) in erster Linie für organisatorische Umstrukturierungen (z. B. dem Bau von Mensen) und weniger zur Einstellung von Personal vorgesehen und genutzt wurden. Die Folge ist, dass es beispielsweise an qualifiziertem Personal für die Nachmittagsbetreuung teilweise mangelt.

Was den Ausbau der Ganztagsschulen in Nordrhein-Westfalen betrifft, zeigt sich in Abb. 1, dass das Gymnasium bislang nur unzureichend in den Ganztagsbetrieb eingebunden ist: Im Jahr 2009 sind nur gut elf Prozent aller Gymnasien Ganztagsschulen, was im Vergleich zu den anderen Schultypen den niedrigsten Anteil darstellt.

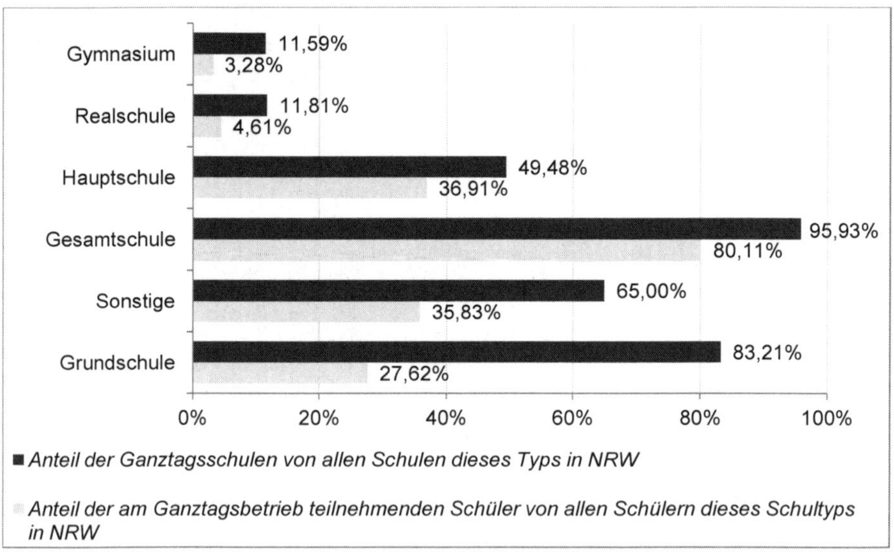

Abb 1: Anteil von Ganztagsschulen und teilnehmenden Schülerinnen und Schülern nach Schultypen. Quelle: MSW 2010, S. 175ff.; Winkelsett 2012, S. 17.

Ganztagsschulen und Schülerleistung: Befunde aus TIMSS 2007, IGLU 2000 und PISA-E 2006

Ein zentrales Argument für den Ausbau von Ganztagsschulen sind erhoffte Effekte auf die Schülerleistung. Dabei sollen die Schülerinnen und Schüler durch das erweiterte Zeitbudget an Ganztagsschulen mehr lernen als an Halbtagsschulen (Leistungsniveau). Gleichzeitig sollen insbesondere Kinder aus benachteiligten Elternhäusern gezielt gefördert werden, um herkunftsbedingte Disparitäten abzubauen oder im Vergleich zu Halbtagsschulen zumindest zu reduzieren (Bildungsungleichheit). Um empirisch zu überprüfen, ob ganztätige Bildung und Betreuung die erhofften Wirkungen auf die Kompetenzen von Schülerinnen und Schüler zeigen, haben Strietholt et al. (2011) die Daten aus drei großen Schulleistungsstudien reanalysiert. An Grundschulen wurden in IGLU 2006 Viertklässler im Lesen und in TIMSS 2007 in Mathematik und den Naturwissenschaften getestet (vgl. Bos u. a. 2007a, b, 2008). In PISA-E 2006 wurden die 15-Jährigen in allen drei Kompetenzbereichen getestet (vgl. Prenzel u. a. 2008). Zusammengenommen liegen Daten von etwa fünfzigtausend Schülerinnen und Schülern aus fast zweitausend Schulen vor, wobei 426 Schulen als Ganztagsschulen organisiert sind.

Wenn Halb- und Ganztagsschulen verglichen werden, so dürfen sich die Schulen beider Organisationsformen nicht in Bezug auf andere Prädiktoren von Schülerleistung unterscheiden. Aus diesem Grund wurden mithilfe des Propensity Score Matchings aus allen Halbtagsschulen 426 Schulen ausgewählt, die sich nicht von den Ganztagsschulen unterscheiden. Dabei wurden neben dem Bundesland eine Reihe von Merkmalen zur Schulkomposition berücksichtigt. Hierzu gehören neben den kulturellen, sozialen und sozio-ökonomischen Kapitalien auch der Anteil an Migranten und Jungen sowie das Bildungsniveau der Eltern. In PISA-E wurde zusätzlich auf ein ausgeglichenes Verhältnis der unterschiedlichen Schultypen geachtet. In einem zweiten Analyseschritt wurde eine Reihe von Mehrebenen-Modellen geschätzt, um zu untersuchen, ob die Organisationsform von Schulen Einfluss auf das Leistungsniveau und die Bildungsungleichheit hat.

In Bezug auf das Leistungsniveau an den Schulen lassen sich keine signifikanten Unterschiede zwischen Halb- und Ganztagsschulen beobachten. Wie Abb. 2 entnommen werden kann, ist das Leistungsniveau sowohl am Ende der Grundschulzeit wie auch am Ende der Sekundarstufe I an Schulen beider Organisationsformen gleich hoch.

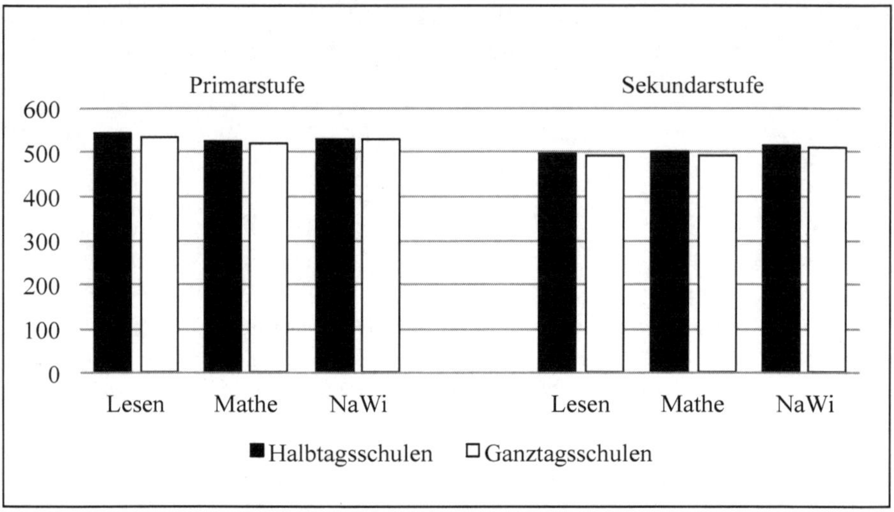

Abb 2: Schülerleistungen an Halb- und Ganztagsschulen im Vergleich. Quelle: Strietholt et al. (2011).

Auch mit Blick auf Bildungsungleichheiten lässt sich in den dargestellten Analysen keine empirische Evidenz dafür finden, dass Ganztagsschulen Bildungsungleichheit reduzieren. Kinder mit Migrationshintergrund schneiden in allen Kompetenztests signifikant schlechter ab als Kinder ohne Migrationshintergrund und das gilt *gleichermaßen* für Halb- und Ganztagsschulen (ohne Abb.). Auch in Bezug auf Statusunterschiede kann unabhängig von der Organisationsform der Schule dasselbe Bild konstatiert werden: Je höher der sozioökonomische Status der Eltern (gemessen am ISEI), desto besser schneiden die Kinder in den Kompetenztests ab. Beispielsweise erzielen Kinder von Lehrerinnen oder Lehrern deutlich bessere Testergebnisse als Kinder, deren Eltern Verkäuferinnen oder Verkäufer sind. Die Balken in Abb. 3 symbolisieren die Höhe der Leistungs*differenzen* nach sozialer Herkunft (LehrerInnen- vs. VerkäuferInnen-Kinder), wobei die geringen Unterschiede für Halbtags- und Ganztagsschulen alle nicht statistisch signifikant sind.

Zusammenfassend bieten die Ergebnisse von Strietholt et al. (2011) keine empirische Evidenz dafür, dass die Organisationsform von Schulen einen Effekt auf die Schülerleistung hat. Trotz des erweiterten Zeitbudgets ist das Leistungsniveau an Ganztagsschulen nicht höher und die Bildungsungleichheit nicht geringer als an Halbtagsschulen.

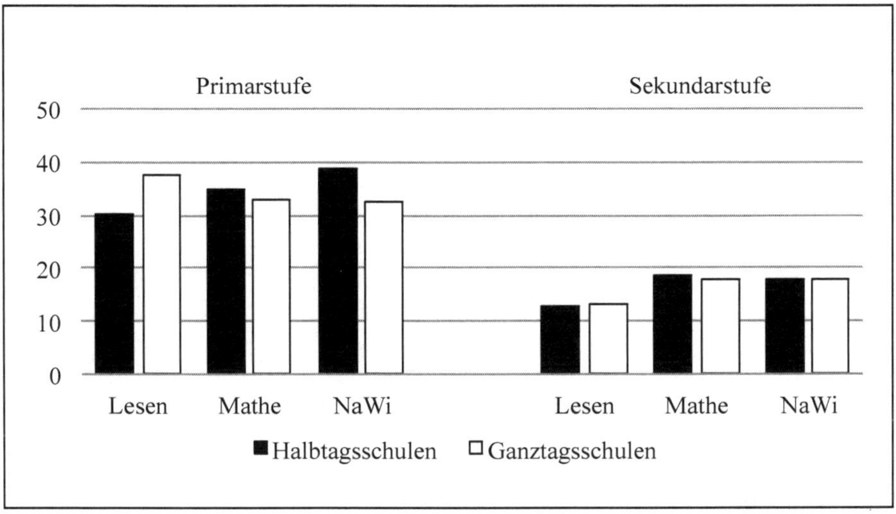

Abb 3: Bildungsungleichheit an Halb- und Ganztagsschulen. Der Leistungsvorsprung von Kindern von Lehrern gegenüber Kindern von Verkäufern. Quelle: Strietholt et al. (2011).

Ganztagsschule, Schulfreude und Schulnoten: Befunde aus StEG

Auf Basis von IGLU-TIMSS- und PISA-Daten konnte somit gezeigt werden, dass allein der Besuch von Ganztagsschulen zu keinen signifikanten unmittelbaren Leistungssteigerungen führt. Hieraus ergibt sich die Frage, ob beispielsweise die Qualität des Ganztags bzw. der Ganztagsangebote entscheidet ist, um Leistungssteigerungen oder bessere Schulnoten und positive schulspezifische Einstellungen zu erreichen. Zu dieser Frage liefert die „Studie zur Entwicklung von Ganztagsschulen" (StEG 2010; Fischer et al. 2011) erste Ergebnisse. Im Rahmen von StEG konnte gezeigt werden, dass die Teilnahme an Ganztagsangeboten sowie deren Qualität durchaus zu Steigerungen von Schulfreude und besseren Mathematiknoten führen kann: In Abb. 4 wird die Entwicklung der Schulfreude von Schülerinnen und Schüler (zusammengefasst auf einer Skala) nach hoher und niedriger Qualität des Ganztagsangebots verglichen. Während die Schulfreude der Schülerinnen und Schüler von der Jahrgangsstufe 5 bis zur Jahrgangsstufe 9 durchgängig abnimmt, weisen Schülerinnen und Schüler aus Schulen mit höherer Angebotsqualität eine im Schnitt etwas höhere Schulfreude auf als Schülerinnen und Schüler aus Schulen mit niedrigerer Qualität der zur Verfügung stehenden Ganztagsangebote.

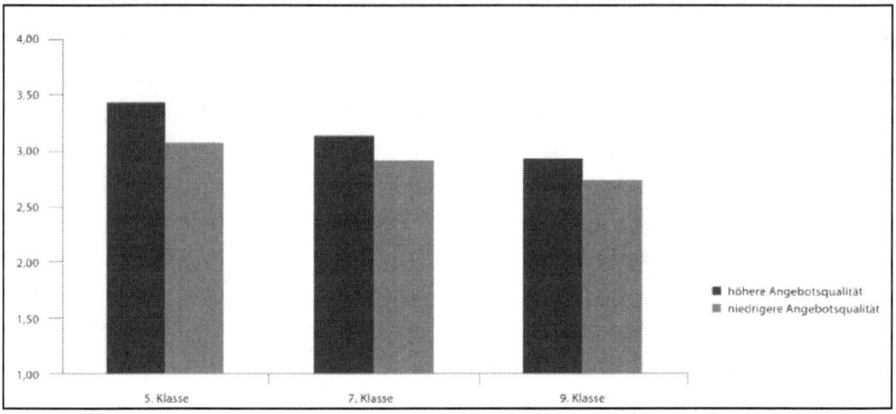

Abb. 4: Schulfreude in Abhängigkeit von der wahrgenommenen Angebotsqualität (1 = niedrig, 4 = hoch). Quelle: StEG 2010, S. 16.

Ein zweiter Befund aus StEG betrifft die Entwicklung der Mathematikleistungen zwischen den Jahrgangsstufen 5 und 7. Mit Ausnahme von Jahrgangsstufe 9 erzielen Schülerinnen und Schüler, die an Ganztagsangeboten teilnehmen und deren Lehrkräfte angeben, individualisierende Förderungsinstrumente anzuwenden, signifikant bessere Mathematiknoten als die Vergleichsgruppen.

Soziale Ungleichheit beim Übergang von der Grund- in die weiterführende Schule

Schulleistungsstudien wie IGLU zeigen, dass eine entscheidende Schnittstelle ungleicher Bildungschancen der Übergang von der Grundschule in die weiterführenden Schultypen darstellt: Zum einen ist in Deutschland ein besonders starker Zusammenhang zwischen sozialer Herkunft und Schulleistungen beobachtbar. Zum anderen gibt es große Überlappungsbereiche hinsichtlich der Schulleistung (hier Lesekompetenz) der Schülerinnen und Schüler, wenn ihre Leistungsverteilung nach der von den Grundschullehrkräften ausgesprochenen Übergangsempfehlungen dargestellt wird (Abb. 5). Weitere Befunde zeigen, dass es hier zu einer „doppelten Benachteiligung" von Schülerinnen und Schülern mit weniger günstigen Startvoraussetzungen kommt. Beispielsweise konnte konstatiert werden, dass Lehrkräfte auch bei gleichen kognitiven Fähigkeiten und bei gleicher Leseleistung Schülerinnen und Schülern aus der Oberen Dienstklasse 2,6 Mal häufiger eine Gymnasialempfehlung geben, als Schülerinnen und Schülern, deren Eltern Facharbeiter und leitende Angestellte sind.

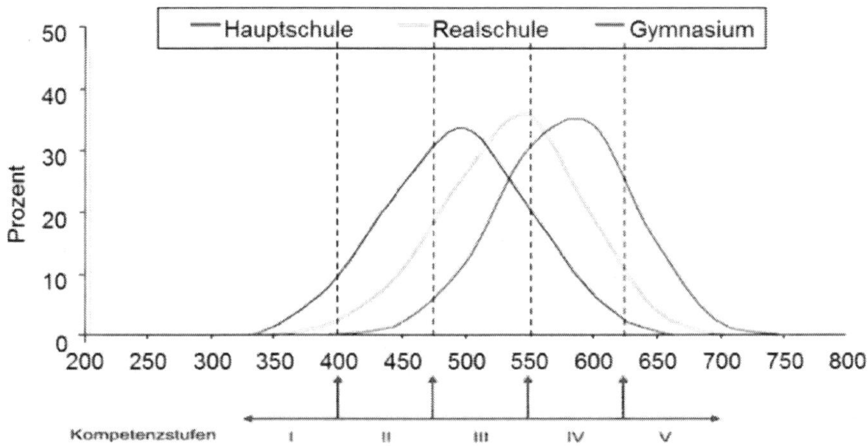

Abb. 5: Kompetenzverteilungen nach Schullaufbahnempfehlungen. Quelle: Arnold et al. 2007, S. 279.

Hieraus ergibt sich ein politisch-ökonomisches Problem: Inwieweit kann es sich eine im demografischen Wandel befindliche Industrienation leisten, derart sorglos mit den vorhandenen Potenzialen von Schülerinnen und Schülern mit weniger günstigem familiären Hintergrund umzugehen? Wir folgen der These von Alba et al. (2011), dass die Reaktion auf den demografischen Wandel und den sich daraus ergebenden Fachkräftemangel auf nichts weniger als einen *Integrationsimperativ* hinausläuft: Um die Leistungsfähigkeit des Bildungssystems aufrechtzuerhalten, müssen diejenigen Schülerinnen und Schüler, denen aufgrund von weniger günstigen Startbedingungen bisher weniger Bildungschancen zu Teil wurden, in das Bildungssystem integriert werden, um den veränderten Rahmenbedingungen des Arbeitsmarktes gerecht zu werden. Aus diesen Herausforderungen sowie den, wie zuvor dargestellt, bislang nur wenig einheitlichen Befunden zu den erhofften positiven (d. h. ungleichheitsreduzierenden) Auswirkungen von Ganztagsschulen, ergibt sich der Begründungszusammenhang für das im Folgenden beschriebene Projekt „Ganz In – Mit Ganztag mehr Zukunft. Das neue Ganztagsgymnasium NRW“, das sich u. a. der Frage widmet, wie der Unterricht im Ganztag ausgestaltet sein muss, um insbesondere Schülerinnen und Schüler mit vorhandenen Potenzialen, aber ungünstigeren familiären Startbedingungen entsprechend zu fördern.

2. Das Projekt „Ganz In“

Das Projekt „Ganz In – Mit Ganztag mehr Zukunft. Das neue Ganztagsgymnasium NRW“ (vgl. Berkemeyer et al. 2010) ist ein gemeinsames Projekt der Stiftung Mercator, des Instituts für Schulentwicklungsforschung Dortmund

(IFS), stellvertretend für die drei Ruhrgebietsuniversitäten, und des Ministeriums für Schule und Weiterbildung des Landes Nordrhein-Westfalen. In diesem Projekt arbeiten 31 ausgewählte Gymnasien des Landes NRW mit. Ziel ist die Unterstützung dieser Gymnasien bei der Entwicklung zum gebundenen Ganztag mit dem besonderen Fokus der Förderung von Schülerinnen und Schülern mit hohen Potentialen, aber weniger günstigen familiären Startbedingungen. Alle Projektschulen erhalten sowohl fachdidaktische als auch Schulentwicklungsberatung und werden als zusätzliches Angebot von einem Team aus qualitativer und quantitativer Begleitforschung evaluiert. Die zentralen Projektziele sind:

- Die *Erhöhung der Abschlüsse mit Allgemeiner Hochschulreife* von Jugendlichen aus *bildungsfernen Milieus bzw. mit Migrationshintergrund* bei Beibehaltung des absoluten Anteils von Abschlüssen der bisherigen gymnasialen Klientel
- Die signifikante *Erhöhung der Abschlüsse* mit Fachhochschulreife und allgemeiner Hochschulreife
- Die *Verbesserung der Qualität* der Abschlüsse insgesamt (z. B. Steigerung der Schülerkompetenzen)

2.1 Wissenschaftliche Begleitforschung und Erfassung der Unterrichtsqualität

Von der erwähnten quantitativen und qualitativen Evaluation der Umsteuerungsprozesse und ihrer Gelingensbedingungen soll hier die quantitative Begleitforschung näher beschrieben werden.

Wie Abb. 6 zu entnehmen ist, sind die Erhebungen als sogenannte Panelstudie mit mehreren Messzeitpunkten konzipiert. Beim ersten Messzeitpunkt im Schuljahr 2010/11 wurden N=3329 Schülerinnen und Schüler in 121 Schulklassen an den 31 „Ganz In“-Gymnasien zu ihrem sozialen und kulturellen Hintergrund (einschließlich Migrationshintergrund) sowie zu ihrem Interesse und Selbstkonzept in bestimmten Schulfächern befragt. Weiterhin nahmen die Schülerinnen und Schüler am Untertest „figurale Analogien“ des Kognitiven Fähigkeitstests (KFT) teil sowie an Kompetenzerhebungen in den Fächern Deutsch, Englisch, Mathematik, Biologie, Chemie und Physik. In einer im weiteren Verlauf des Schuljahres durchgeführten Anschlussbefragung der Schülerinnen und Schüler wurde zudem die wahrgenommene „Unterrichtsqualität“ erhoben.

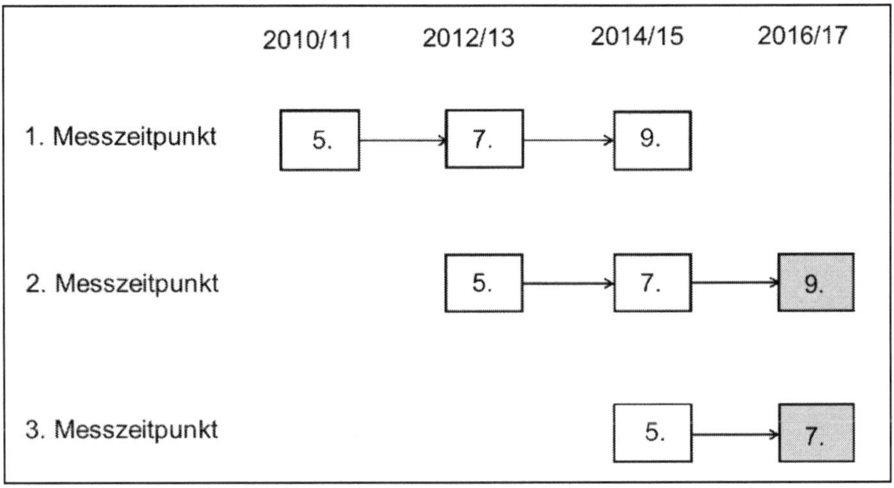

Abb. 6: Längsschnittdesign im Projekt „Ganz In". Eigene Darstellung.

Zusätzlich fand außerdem eine Befragung von Eltern (*N*=2729), Lehrkräften (*N*=564), Schulleitungen (*N*=27) und des Weiteren pädagogisch tätigen Personals (*N*=70; z. B. SozialarbeiterInnen) statt.

Vor allem die Erfassung und Evaluation der Unterrichtsqualität ist ein wesentlicher Bestandteil der quantitativen Evaluation von Gelingensbedingungen des gebundenen Ganztags im Projekt „Ganz In". Ziel ist hierbei nicht die „Beurteilung" einzelner Lehrkräfte, sondern ein Vergleich der durchschnittlichen Unterrichtsqualität zwischen den Schulen, die nicht auf Einzelpersonen heruntergebrochen werden kann und soll. Vielmehr dienen die eingesetzten Erhebungsinstrumente als Mittel zur Rückspiegelung an die Projektschulen selbst, sodass durch den Wissenstransfer (vgl. Wiechmann 2003) die gewonnenen Erkenntnisse genutzt werden können. Ein erster Schritt hierfür ist die Aufbereitung der Erhebungsergebnisse in Schulrückmeldungen zu den Kompetenzerhebungen und Befragungen der Schülerinnen und Schüler, der Eltern und der Lehrkräfte. Durch die Rückmeldungen können die Schulen und Lehrkräfte Optimierungsmöglichkeiten im eigenen Lernumfeld identifizieren, die zur Weiterarbeit anregen.

Welche Dimensionen von Unterrichtsqualität werden bei „Ganz In" konkret erhoben?

Das Projekt „Ganz In" orientiert sich stark an den von Helmke (2009) in Anlehnung an Borich (1988), Slavin (1996), Brophy (2000) sowie Walberg und Paik (2000) entwickelten Kriterien guten Unterrichts (vgl. Tab. 1). Gemessen wurden u. a. der Umgang der Lehrkräfte mit Heterogenität in Form der leistungsbezogenen Differenzierung der Schülerinnen und Schüler, wahrgenommene Disziplinprobleme als Maß für Klassenführung oder die Strukturiertheit und Klarheit des Unterrichts.

Bei der „Ganz In“-Studie wurden entsprechende Skalen eingesetzt, die sich bereits in nationalen und internationalen Schulleistungsstudien wie *Kompetenzen und Einstellungen von Schülerinnen und Schülern* (KESS), *Program for International Student Assessment (PISA)*, *Deutsch-Englisch-Schülerleistungen-International (DESI)* oder *QualitätsSicherung in Schule und Unterricht (QuaSSU)* bewährt haben.

Kriterien guten Unterrichts (Helmke, 2009)	**Ganz In-Skalen**
Klassenführung	Disziplinprobleme
Aktivierung	Anregung – Interessantheit
Motivierung	Anregung – Motivierende Unterstützung und Hilfestellung
Umgang mit Heterogenität	Leistungsbezogene Differenzierung der SuS

Tabelle 1: Kriterien guten Unterrichts nach Helmke (2009) und entsprechende „Ganz In“-Skalen (Auszug, eigene Darstellung)

Die eingesetzten Skalen zur Unterrichtsqualität sollen schließlich ein Maß für die Gelingensbedingungen des gebundenen Ganztags sein und den Schulen zugleich die praktische Weiterarbeit ermöglichen.

2.2 Der Schülerkompositionsindex im Rahmen von „Ganz In“

Ein wichtiges Instrument, das den Schulen zur Erfassung ihrer sozialen Komposition und dabei auch zur Einordnung der rückgespiegelten Ergebnisse aus den Kompetenzerhebungen dienen soll, ist der Sozial- bzw. Schülerkompositionsindex. Aus der Schuleffektivitätsforschung ist bekannt, dass an Schulen mit hohem sozialen Status weitere positive Merkmale wie ein hohes Ausmaß an elterlicher Unterstützung, weniger Disziplinprobleme, sowie ein gutes Sozialklima beobachtet werden. Schulen mit niedrigem sozialem Status werden hingegen vornehmlich von Eltern bildungsferner Herkunft gewählt und müssen fehlende Bildungsressourcen in den Elternhäusern mit verstärkten pädagogischen Bemühungen zu kompensieren versuchen (Opdenakker & Van Damme 2002, S. 409).

Bei der Erfassung der Schülerkomposition orientiert sich das Projekt „Ganz In“ am Sozialindex, wie er beispielsweise in der Hamburger Schulleistungsstudie „Kompetenzen und Einstellungen von Schülerinnen und Schülern“ (KESS) verwendet wurde (vgl. Bos/Pietsch 2006). Die theoretische Grundlage ist dem Kapitalienansatz des französischen Soziologen Pierre Bourdieu entlehnt. Nach dessen Theorie lassen sich soziale Ungleichheiten anhand dreier sogenannter *Kapitalien* beschreiben: Das *ökonomische Kapital* bezeichnet die finanziellen Voraussetzungen von Personen oder Haushalten. Das *kulturelle Kapital* verweist zum einen auf den Bildungsstand, aber auch auf den Besitz von Kulturgütern wie z. B. Büchern oder Kunstwerken sowie auf die sogenannte kulturelle Praxis wie den Besuch von Konzerten und Museen. Und das *soziale Kapital* ist ein Maß dafür, wie gut Eltern über die schulische Situation ihrer Kinder, deren Freizeitaktivitäten etc. informiert sind.

In der nachfolgenden Tabelle 2 sind die verwendeten Items im Rahmen der „Ganz In“-Studie dargestellt. Beispielsweise wurde das ökonomische Kapital über das Bruttojahreshaushaltseinkommen und das kulturelle Kapital der Schülerinnen und Schüler u. a. durch den Buchbesitz im Haushalt ermittelt.

Konstrukt	**Berücksichtigte Einzelvariable**
Ökonomisches Kapital der Schülerfamilien	– Haushaltsbruttoeinkommen
Objektives und institutionalisiertes kulturelles Kapital der Schülerfamilien	– Anzahl Bücher zu Hause – Höchster Bildungsabschluss in der Familie
Inkorporiertes kulturelles Kapital der Schülerfamilien	– Museumsbesuche – Besuch von Festen (z. B. Stadtteilfest) – Besuch klassischer Konzerte – Kinobesuche – Sport (passiv) – Sport (aktiv) – Künstlerische und musische Tätigkeiten – Gesellige Treffen mit Freunden – Ehrenamtliches Engagement – Beteiligung in Bürgerinitiativen – Besuch religiöser Veranstaltungen – Klassische Musik oder Jazz hören
Soziales Kapital	– Eltern kennen Eltern der Kinder... ... aus der Klasse ... aus der Nachbarschaft ... aus Verein/organisierter Gruppe ... mit denen ich befreundet bin – Eltern wissen, wo Kinder nach der Schule hingehen

	- Unterhaltung mit Eltern über Freunde - Eltern fragen, wohin Kind geht - Kind erzählt Eltern, mit welchen Freunden es sich trifft
Migrationshintergrund	- Schülerin/Schüler in Deutschland geboren - Vater in Deutschland geboren - Mutter in Deutschland geboren - Muttersprache des/der Befragten ist Deutsch - Sprache des/der Befragten ist Deutsch - Sprache des/der Partners/in mit Kind ist Deutsch

Tabelle 2: Instrumente zur Erfassung der sozialen Lage (Schülerebene) bzw. sozialen Komposition (Schulklassenebene) an den „Ganz In"-Gymnasien

Diese verschiedenen Bereiche wurden zu einem Index zusammengefasst, der zunächst für jede Schülerin und jeden Schüler mit dem statistischen Verfahren der Rasch-Skalierung einen Gesamtwert der „sozialen Lage" oder des „sozioökonomischen Status" berechnet.

In einem zweiten Schritt wurde aus den Einzelwerten, die die soziale Lage der einzelnen Schülerinnen und Schüler beschreiben, der jeweilige Mittelwert in jeder Schulklasse gebildet. Je höher dieser Mittelwert ausfällt, desto bessere ökonomische, kulturelle und soziale Voraussetzungen bringen die Schülerinnen und Schüler in der entsprechenden Klasse im Schnitt mit. In einem dritten Schritt wurden diese 121 Schulklassenmittelwerte in möglichst trennscharfe, d. h. eindeutig interpretierbare Gruppen zusammengefasst, wodurch sich auf Basis der „Ganz In"-Daten vier Indexgruppen ergaben. Indexgruppe 4 umfasst die Schulklassen mit den vergleichsweise günstigsten Voraussetzungen, Indexgruppe 1 die Schulklassen mit den vergleichsweise ungünstigsten Voraussetzungen.

Wie lassen sich die vier Indexgruppen inhaltlich beschreiben?

Indexgruppe 4: Knapp 80 Prozent der Schülerinnen und Schüler aus Klassen der Indexgruppe 4 kommen aus Familien, bei denen mindestens ein Elternteil das Abitur erworben hat. Der Großteil der Eltern dieser Gruppe hat ein Bruttojahreshaushaltseinkommen von 40.000 Euro und mehr zur Verfügung. In mehr als der Hälfte der Elternhäuser befinden sich über 200 Bücher. Zudem geben rund 80 Prozent der Schülerinnen und Schüler an, dass sie ihren Eltern immer erzählen, mit welchen Freunden sie sich treffen. Nur einzelne Schülerinnen und Schüler, die eine Klasse der Indexgruppe 4 besuchen, kommen aus Familien, in denen mindestens ein Elternteil nicht in Deutschland geboren wurde.

Indexgruppe 3: Über 65 Prozent der Schülerinnen und Schüler kommen aus Familien, bei denen mindestens ein Elternteil das Abitur erworben hat. Weiterhin verfügen 60 Prozent der Eltern über ein jährliches Einkommen von 40.000 Euro und mehr. Die Mehrheit der Eltern legt Wert auf kulturelle Aktivitäten, und knapp 40 Prozent der Familien besitzen mehr als 200 Bücher. Auch hier geben noch über 70 Prozent der Schülerinnen und Schüler an, dass sie ihren Eltern immer erzählen, mit welchen Freunden sie sich treffen. Zudem ist bei über 90 Prozent der Schülerinnen und Schüler mindestens ein Elternteil in Deutschland geboren.

Indexgruppe 2: Über 45 Prozent der Eltern von Schülerinnen und Schülern aus Klassen der Indexgruppe 2 haben das Abitur erreicht, aber nur knapp 20 Prozent der Eltern erwirtschaften ein Jahreseinkommen von mehr als 40.000 Euro. Über 60 Prozent der Haushalte verfügen über bis zu 100 Bücher. Das Sozialkapital in dieser Gruppe ist zwar geringer, aber immer noch recht hoch. Bei einem Viertel der Schülerinnen und Schüler ist mindestens ein Elternteil im Ausland geboren.

Indexgruppe 1: Die Mehrzahl der Schülerinnen und Schüler lebt in Familien, denen eher geringe Einkommen zur Verfügung stehen. Bei über 45 Prozent der Schülerinnen und Schüler hat mindestens ein Elternteil das Abitur erworben. Die Eltern führen vergleichsweise wenig kulturelle Aktivitäten mit ihren Kindern durch und die Mehrheit der Haushalte verfügt über weniger als 100 Bücher. Zudem zeichnen sich die Klassen durch einen vergleichsweise hohen Anteil an Schülerinnen und Schülern mit Migrationshintergrund aus.

Wie verteilen sich nun die 121 „Ganz In"-Klassen auf die vier Indexgruppen? Der überwiegende Anteil der Klassen befindet sich in den Indexgruppen 3 (55,4 Prozent) und 4 (34,7 Prozent) mit vergleichsweise günstiger sozialer Zusammensetzung. Nur wenige Klassen liegen in den vergleichsweise ungünstig zusammengesetzten Indexgruppen 1 (1,7 Prozent) und 2 (8,3 Prozent). Für die „Ganz-In"-Stichprobe kann somit festgestellt werden, dass die 121 Schulklassen der Jahrgangsstufe 5 über sehr günstige soziale Zusammensetzungen verfügen.

Welche Kompetenzdomänen wurden im Rahmen von „Ganz In" erfasst?

Im Zuge der „Ganz In"-Ausgangserhebung wurden bei der Schülerbefragung Kompetenzerhebungen in den einzelnen Fächern sowie ein kognitiver Fähigkeitstest durchgeführt. Um auszuschließen, dass Schülerinnen und Schüler in später erhobenen Fächern aufgrund von Ermüdungserscheinungen schlechtere Ergebnisse erzielen als in früher am Tag erhobenen Fächern, folgten die Kompetenzerhebungen einem „Rotationsdesign", d. h., sie wurden in unterschiedlicher Reihenfolge der Fächer eingesetzt.

Im Fach Deutsch wurde der Frankfurter Leseverständnistest sowie eine Rechtschreibprobe durchgeführt.

Im Fach Englisch wurde sowohl das Hörverstehen (z. B. durch Beantwortung von Verständnisfragen zu einer gehörten Geschichte) als auch das Leseverstehen (Fragen zu einem Text) erhoben.

In Mathematik wurden in 29 Einzelaufgaben elementare grundlegende mathematische Operationen wie Addition, Subtraktion, Bruchrechnen, Maßeinheiten, Zahlenreihen, Multiplikation und Division gestellt.

Im Fach Biologie wurde auf Basis von 28 Einzelaufgaben das Grundlagenwissen der Schülerinnen und Schüler in den Bereichen Blutkreislauf, Ökologie und Vererbung (Genetik) überprüft.

In Chemie wurde mit 19 Einzelaufgaben grundlegendes Vorverständnis von chemischen Reaktionen und Grundkonzepten wie Säuren, Verbrennung, Aggregatzuständen etc. abgefragt. Das Fach Chemie wird zwar in Klasse 5 nicht unterrichtet, die eingesetzte Kompetenzerhebung erfasst deswegen chemierelevantes Vorwissen, das in der Regel bereits vor dem Fachunterricht erworben wird. Zusätzlich wurden in einer Kompetenzerhebung zum naturwissenschaftlich-experimentellen Arbeiten sieben Aufgaben zur möglichen Durchführung von einfachen Experimenten gestellt.

In Physik wurden in 34 Aufgaben die Kenntnisse der Schülerinnen und Schüler zu den Grundlagen der Mechanik, Elektrizitätslehre, Optik und Wärmelehre geprüft.

Und schließlich wurde in einem Kognitiven Fähigkeitstest (KFT, vgl. Heller, Gaedike und Weinläder, 1985) das Vermögen der Schülerinnen und Schüler zur Bildung figuraler Analogien erhoben. Bei dieser speziellen Unterdimension des KFT wird davon ausgegangen, dass Kompetenzen erfasst werden, die weitaus weniger stark durch die Sozialisation im Elternhaus vermittelt werden können (Heller, Gaedike und Weinländer, 1985; Guthke 1998).

Wie hängen die soziale Herkunft von Schülerinnen und Schülern sowie die soziale Komposition von Schulklassen mit den Schülerkompetenzen zusammen?

Wie erwähnt kann angenommen werden, dass das schulische Lernumfeld einen wichtigen Beitrag zur Kompetenzentwicklung von Schülerinnen und Schülern leistet. Die Frage ist nun, ob die vier Indexgruppen Unterschiede in den Schülerleistungen erklären – auch dann, wenn wichtige Schülermerkmale herausgerechnet werden.

Diese Analyse haben wir exemplarisch für die Fächer Mathematik und Deutsch in Abbildung 7 zusammengefasst. Grundlage der Abbildung ist eine sogenannte Mehrebenen-Regression, in der die Effekte von Variablen auf Schülerebene und von Variablen auf Schulklassenebene getrennt berechnet

werden können. Auf Schülerebene kontrollieren wir unser Maß für die kognitive Fähigkeit, den Untertest „figurale Analogien" aus dem KFT. Unser Hauptaugenmerk gilt allerdings der unabhängigen, d. h. erklärenden Variable auf Schulklassenebene, den vier Indexgruppen.
Der Punkt inmitten jeder Linie symbolisiert die Höhe des statistischen Zusammenhangs der vier Indexgruppen mit dem Abschneiden der Schülerinnen und Schüler in den Fächern Mathematik und Deutsch. Zur Erinnerung: Indexgruppe 4 weist die günstigste soziale Zusammensetzung auf, Indexgruppe 1 die ungünstigste. Da die Werte für beide Fächer positiv sind, gilt: Schülerinnen und Schüler aus günstiger zusammengesetzten Schulklassen schneiden besser in den Mathematik- und Deutschtests ab als Schülerinnen und Schüler aus ungünstiger zusammengesetzten Schulklassen.

Um jeden Punkt herum sind zudem die sogenannten Konfidenzintervalle abgezeichnet. Sie sind ein Maß dafür, wie wahrscheinlich die ermittelten Ergebnisse auf Zufallsfehler zurückzuführen sind. Da die hier dargestellten 95-Prozent-Konfidenzintervalle die Nulllinie nicht schneiden, kann davon ausgegangen werden, dass die Ergebnisse frei von Zufallsfehlern sind.

Die Ergebnisse in Abb. 7 beruhen auf einer schrittweisen Analyse: Die schwarze Linie für jedes Fach symbolisiert die „unkontrollierten" Effekte der der Indexgruppen auf die Leistung d. h. es wurden keine weiteren Kontrollvariablen herausgerechnet. Bei den blau dargestellten Ergebnissen wurden zusätzlich die kognitiven Fähigkeiten der Schülerinnen und Schüler kontrolliert.

Wie zu erwarten war, sinken die statistischen Zusammenhänge der Indexgruppen mit den Leistungstests leicht ab, wenn das Abschneiden der Schülerinnen und Schüler in der von uns gemessenen Teildimension „figurale Analogien" des kognitiven Fähigkeitstests kontrolliert werden. Dennoch bleiben auch danach deutliche signifikante Zusammenhänge bestehen.

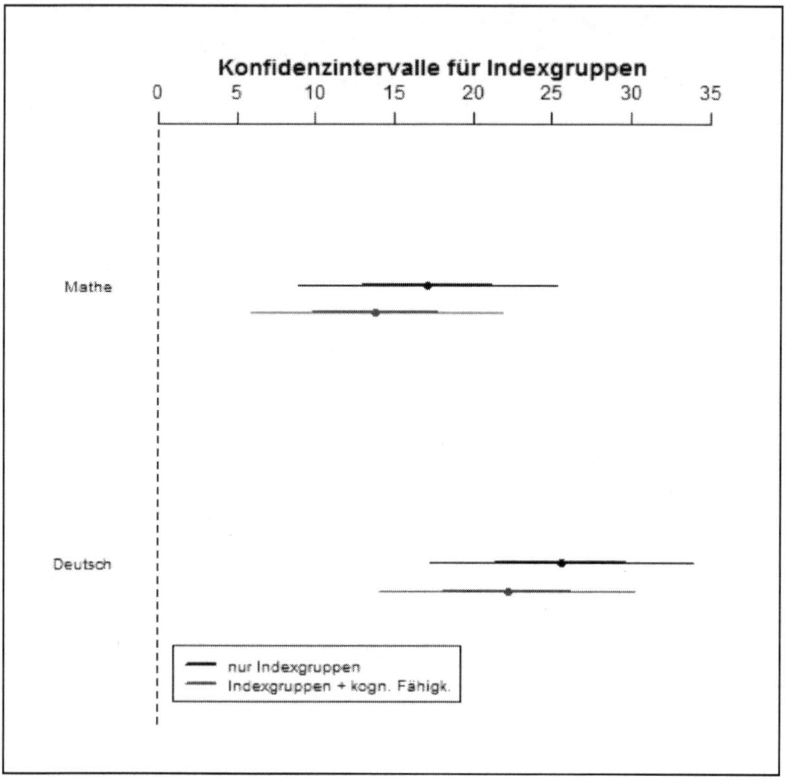

Abb. 7: Konfidenzintervalle für den Zusammenhang der Indexgruppen mit den Deutsch- und Mathematikleistungen der Schülerinnen und Schüler an den „Ganz In“-Gymnasien. Eigene Berechnungen.

Ein weiteres interessantes Ergebnis ist, dass der Zusammenhang zwischen den Indexgruppen und den Deutschleistungen sichtbar höher ist als der Zusammenhang zwischen Indexgruppen und Mathematikleistungen. Dies könnte ein Indiz dafür sein, dass die Deutschleistungen der Schülerinnen und Schüler stärker herkunftsabhängig sind als die Mathematikleistungen.

Dieser Befund bewährt sich, wenn anstelle der Sozialindexgruppen die *individuellen* (d. h. auf Schülerebene) gemessenen Effekte der sozialen Lage auf die Deutsch- und Mathematikleistungen betrachtet werden. Hier kann bei der Leseleistung im Fach Deutsch ebenfalls ein positiv signifikanter Effekt von b=8.95 (t=2.64) ermittelt werden, während der entsprechende Parameterschätzer im eingesetzten Leistungstest im Fach Mathematik nicht signifikant ist (Becker/Glesemann 2012). Ein weiterer interessanter Befund ergibt sich, wenn, wie in PISA auf Länderebene, der Effekt der sozialen Herkunft der Schülerinnen und Schüler auf ihre Testleistung getrennt nach Schulen betrachtet werden (vgl. Abb. 8). Die rechte Seite jeder Abbildung verdeutlicht die

Stärke dieses Zusammenhangs pro Schule (die sog. *random slopes*), die linke Seite jeder Abbildung das Durchschnittsniveau im getesteten Fach je Schule (die sog. *random intercepts*). Vor allem bei den Leseleistungen Deutsch wird deutlich: An Schulen, an denen der Zusammenhang zwischen sozialer Herkunft und Testleistung vergleichsweise hoch ist (z. B. Schule 5), ist das durchschnittliche Leistungsniveau vergleichsweise niedrig. Umgekehrt ist an Schulen, an denen der Zusammenhang zwischen sozialer Herkunft und Testleistung vergleichsweise niedrig ist, das durchschnittliche Leistungsniveau vergleichsweise hoch (z. B. Schule 3). Dies könnte ein Indiz dafür sein, dass sozial weniger „gerechte" Schulen auch weniger „effektiv" sind. Dieser Herausforderung gilt es, mit den im gebundenen Ganztag vorhandenen individuellen Förderungsmöglichkeiten entsprechend zu begegnen.

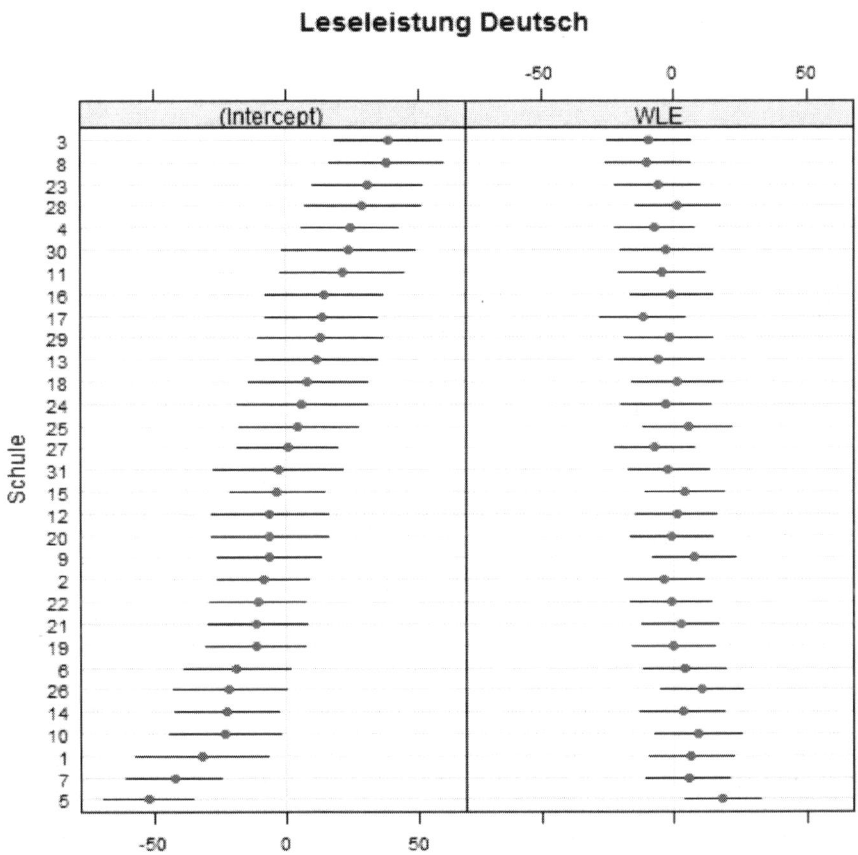

a) Random Effects Deutsch *b) Random Effects Mathematik*

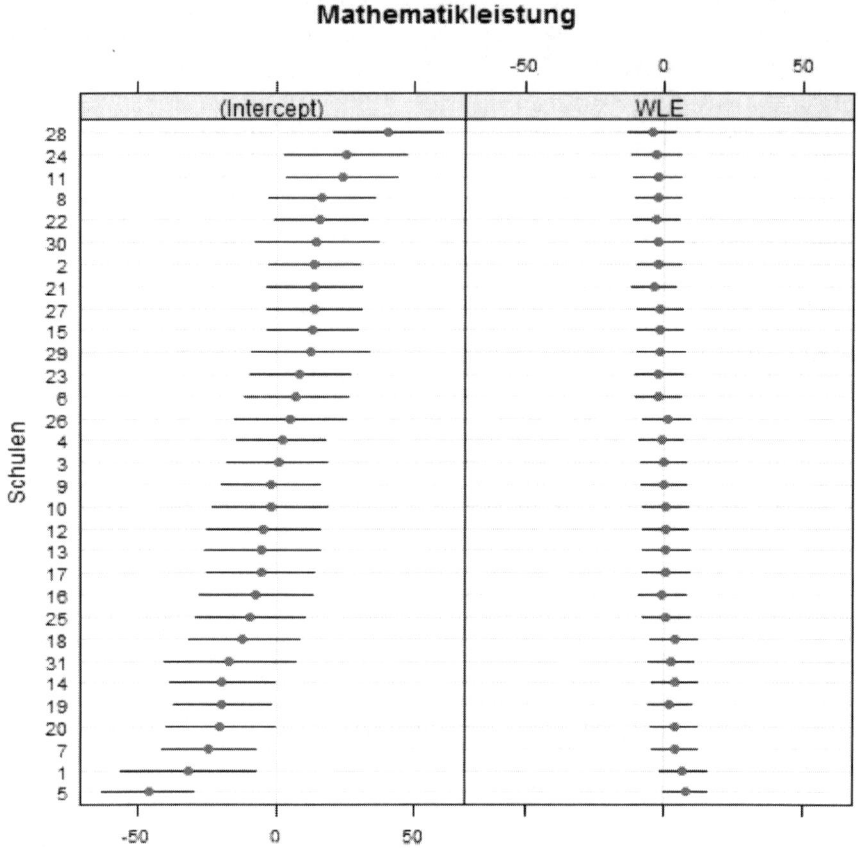

Abb. 8: Random intercepts und random slopes der Mehrebenen-Regression von Deutsch- und Mathematikleistungen auf die soziale Herkunft. Quelle: Becker & Glesemann (2012).

3. Zusammenfassung der Ergebnisse und Ausblick

In diesem Beitrag wurde zunächst die Notwendigkeit von Ganztagsschulen im Allgemeinen und Ganztagsgymnasien im Besonderen abgeleitet: Aus dem demografischen Wandel und dem daraus resultierenden Fachkräftemangel ergibt sich ein „Integrations-Imperativ" (Alba et al. 2009) für die Schülerinnen und Schüler mit ungünstigeren sozialen Voraussetzungen, die bislang nur in unzureichendem Maße zu höheren Schulabschlüssen geführt werden konnten.

Während sich auf Basis von IGLU-, TIMSS- und PISA-Daten keine signifikanten unmittelbaren Leistungssteigerungen als Effekte von Ganztagsschulen nachweisen lassen (Strietholt et al. 2011), zeigen Ergebnisse aus StEG

(StEG 2010; Fischer et al. 2011), dass die Teilnahme an Ganztagsangeboten sowie deren Qualität durchaus zu Steigerungen von Schulfreude und besseren Mathematiknoten führen kann.

Der übrige Teil dieses Beitrags beleuchtete das Projekt „Ganz In – Mit Ganztag mehr Zukunft. Das neue Ganztagsgymnasium NRW“ (Berkemeyer et al., 2010), in dem 31 ausgewählte nordrhein-westfälische Gymnasien bei ihrem Weg in den gebundenen Ganztag begleitet werden. Standardisierte Befragungen der Schülerinnen und Schüler, ihrer Eltern bzw. Erziehungsberechtigten, der Lehrkräfte, Schulleitungen sowie des weiteren pädagogisch tätigen Personals ermöglichen eine umfassende quantitative Evaluation der Gelingensbedingungen des gebundenen Ganztags und, beispielsweise in Form von ausführlichen Schulrückmeldungen, auch die praktische Weiterarbeit als Reaktion auf die gewonnenen Erkenntnisse. Dazu zählen beispielsweise die Erfassung der Unterrichtsqualität sowie die Messung der sozialen Komposition in Form des Schülerkompositionsindexes.

Die hier in Kürze präsentierten Ergebnisse der „Ganz In“-Ausgangserhebung haben gezeigt, dass die Schulklassen der Projektschulen über eine vergleichsweise günstige soziale Zusammensetzung verfügen: Von den vier gebildeten Sozialindexgruppen sind die „privilegierteren“ Indexgruppen 3 und 4 deutlich stärker besetzt als Indexgruppen 1 und 2.

Weiterhin wurde verdeutlicht, dass die soziale Zusammensetzung der Schulklassen auch unabhängig von den kognitiven Fähigkeiten der Schülerinnen und Schüler ihr Abschneiden in den bei „Ganz In“ eingesetzten Schulleistungstests vorhersagen kann. Eine mögliche Erklärung, warum dieser Zusammenhang für den Leistungstest Deutsch stärker ist als für den Leistungstest im Fach Mathematik ist, dass im Fach Deutsch in höherem Maße Kompetenzen abgefragt werden, die von der Muttersprache bzw. der sozialen Herkunft abhängen.

Ferner wurde gezeigt, dass sozial weniger „gerechte“ Schulen in Bezug auf die Durchschnittsleistung der Schülerinnen und Schüler weniger „effektiv“ zu sein scheinen. Im Rahmen von „Ganz In“ besteht die Möglichkeit, durch gezielten Einsatz von individuellen Förderungsmaßnahmen die Kompetenzen bei Schülerinnen und Schülern mit entsprechenden Potenzialen zu unterstützen und somit einen Beitrag sowohl zur Chancengerechtigkeit als auch zur schulischen Effektivität zu leisten.

Durch eine gezielte Abfrage der Nutzung individueller Förderungsinstrumente im „Ganz In“-Lehrerfragebogen sowie den eingesetzten Skalen zur Unterrichtsqualität im Schülerfragebogen kann im Anschluss untersucht werden, inwieweit an Schulen, an denen die Lehrkräfte nach eigener Einschätzung häufiger individuelle Förderungsinstrumente verwenden, der Unterricht durch ihre Schülerinnen und Schüler auch tatsächlich besser bewertet wird – und ob dies mittelfristig zu einer Verringerung des Zusammenhangs zwischen sozialer Herkunft und Schulleistungen führt, wie es sowohl moralisch als auch ökonomisch – Stichwort demografischer Wandel – geboten erscheint.

Literatur

Ahnen, D. (2005): Zur Gegenwart und Zukunft der Ganztagsschulen. In T. Fitzner, T. Schlag & M. W. Lallinger (Hrsg.), Ganztagsschule – Ganztagsbildung. Politik – Pädagogik – Kooperationen. Bad Boll: Evangelische Akademie, S. 125-137.

Alba, R., Sloan, J., & Sperling, J. (2011): The integration imperative: The children of low-status immigrants in the schools of wealthy societies. Annual Review of Sociology, 37, 395-415.

Becker, D., & Glesemann, B. (2012): Der Zusammenhang zwischen schulischer Komposition, dem Einsatz von Instrumenten individueller Förderung und Chancen(un)gleichheit. Vortrag auf der 77. Tagung der Arbeitsgruppe für Empirische Pädagogische Forschung (AEPF), Bielefeld, 11.09.2012.

Berkemeyer, N., Bos, W., Holtappels, H. G., Meetz, F., & Rollett, W. (2010): „GanzIn“: das Ganztagsgymnasium in Nordrhein-Westfalen. In N. Berkemeyer, W. Bos, H. G. Holtappels, N. Mcelvany & R. Schulz-Zander (Eds.), Jahrbuch der Schulentwicklungsforschung – Band 16 (pp. 131-152). Weinheim & München: Juventa.

Borich, G. D. (1988): EffectiveTeachingMethods, Columbus, OH: Merrill.

Bos, W., & Pietsch, M. (2006): KESS 4-Kompetenzen und Einstellungen von Schülerinnen und Schülern am Ende der Jahrgangsstufe 4 in Hamburger Grundschulen. Münster: Waxmann Verlag.

Bos, W., Hornberg, S., Arnold, K.-H., Faust, G., Fried, L., Lankes, E.-M., Schwippert, K. & Valtin, R. (Hrsg., 2007a): IGLU 2006. Lesekompetenz von Grundschulkindern in Deutschland im internationalen Vergleich, Münster: Waxmann.

Bos, W., Bonsen, M., Baumert, J., Prenzel, M., Selter, C. & Walther, G. (Hrsg., 2007b): TIMSS 2007. Mathematische und naturwissenschaftliche Kompetenzen von Grundschulkindern in Deutschland im internationalen Vergleich, Münster: Waxmann.

Brophy, J. (2000): Teaching. Brussels/Geneva/Lausanne: International Academy of Education and the International Bureau of Education.

Bundesministerium für Bildung und Forschung (BMBF), 2009: Gut angelegt. Das Investitionsprogramm Zukunft Bildung und Betreuung.
http://www.bmbf.de/pub/gut_angelegt.pdf

Fischer, N., Holtappels, H. G., Klieme, E., Rauschenbach, T., Stecher, L., & Züchner, I. (2011): Ganztagsschule: Entwicklung, Qualität, Wirkungen: Längsschnittliche Befunde der Studie zur Entwicklung von Ganztagsschulen (StEG). Weinheim & Basel: Juventa.

Guthke, J. (1998): Intelligenz, Wissen und Lernfähigkeit. Zeitschrift für Pädagogische Psychologie, 12 (1), 5-9.

Heller, K., Gaedike, A.-K. & Weinläder, H. (1985): Kognitiver Fähigkeits-Test KFT 4-13. Weinheim: Beltz.

Helmke, A. (2009): Unterrichtsqualität und Lehrerprofessionalität. Diagnose, Evaluation und Verbesserung des Unterrichts. Seelze-Velber: Kallmeyer.

Ministerium für Schule und Weiterbildung des Landes Nordrhein-Westfalen (MSW, 2010): Das Schulwesen in Nordrhein-Westfalen aus quantitativer Sicht 2010; 11. Statistische Übersicht 373-2. Auflage.
http://www.schulministerium.nrw.de/BP/Schulsystem/Statistik/2010_11/StatUebers373.pdf

Opdenakker, M.-C., Van Damme, J., De Fraine, B., Van Landeghem, G., & Onghena, P. (2002): The effect of schools and classes on mathematics achievement. School Effectiveness and School Improvement, 13(4), 399-427.

Prenzel, M., Artelt, C., Baumert, J., Blum, W., Hammann, M., Klieme, E.& Pekrun, R. (Hrsg., 2008): PISA 2006 in Deutschland. Die Kompetenzen der Jugendlichen im dritten Ländervergleich, Münster: Waxmann.

Sekretariat der Ständigen Konferenz der Kultusminister der Länder in der Bundesrepublik Deutschland (KMK), (2006): Bericht über die allgemeinbildenden Schulen in Ganztagsform in den Ländern in der Bundesrepublik Deutschland 2002 bis 2004. Bonn. http://www.kmk.org/fileadmin/pdf/Statistik/GTS_2004.pdf

Schavan, A. (2005): Schulen im Aufbruch. In T. Fitzner, T. Schlag & M. W. Lallinger (Hrsg.), Ganztagsschule – Ganztagsbildung. Politik-Pädagogik-Kooperationen. Bad Boll: Evangelische Akademie, S. 122-124.

Slavin, R. E. (1996): Education for all. Lisse: Swets & Zeidlinger.

StEG-Konsortium (2010) [zitiert als StEG 2010]: Ganztagsschule: Entwicklung und Wirkungen. Ergebnisse der Studie zur Entwicklung von Ganztagsschulen 2005-2010. http://www.ganztagsschulen.org/_downloads/Ergebnisbroschuere_StEG_2010-11-11.pdf

Strietholt, R., Berkemeyer, N., Förster, M., Manitius, V., & Bos, W. (2011): Schulleistung und herkunftsbedingte Disparitäten an Halb- und Ganztagsschulen, Präsentation auf der 76. Tagung der Arbeitsgruppe für Empirische Pädagogische Forschung (AEPF) in Klagenfurt, Österreich, 2011.

Walberg, H. and S. Paik, (2000): Effective educational practices. Geneva: IBE/UNESCO.

Wiechmann, J. (2003): Der Wissenstransfer von Innovationen – die Perspektive der Schulen als aktive Handlungseinheiten. Zeitschrift für Pädagogik 49(5), S. 675-694.

Winkelsett, D. (2012): Kooperation zwischen Lehrkräften und dem weiteren pädagogischen Personal im Ganztag – eine empirische Analyse. Universität Münster/Institut für Erziehungswissenschaft: unveröffentlichte Diplomarbeit.

HERMANN MAURER

Neue Technologien verändern uns und das Lernen

1. Warum langfristige Prognosen notwendig sind

In vielen Bereichen wären langfristige (15 Jahre oder mehr) Prognosen notwendig, um heute sinnvolle Entscheidungen treffen zu können, nur sind solche Prognosen leider mehr oder minder unmöglich. Ich werde hier zunächst anhand von nur zwei Beispielen belegen, warum Vorhersagen über so lange Zeiträume benötigt werden.

1.1 Verkehrswesen

Wie werden wir in 20 Jahren Güter und Menschen transportieren, und wird es je nach Fall verschiedene Transportmittel geben? Werden sich z. B. beim Personentransport in Ballungszentren öffentliche Verkehrsmittel oder Fahrräder mit oder ohne elektrischen Hilfsmotor und mit oder ohne Regenschutz durchsetzen, oder wird es ganz andere Alternativen geben? Ein Beispiel wären die vom Autor schon 1988 (!) beschriebenen Autos (Miniautos oder Mautos), die für nur eine Person und geringe Geschwindigkeiten (maximal z. B. 40 km/h) ausgelegt sind und drei besonders reizvolle Eigenschaften haben: (i) Autos sind neben- und hintereinander koppelbar, und die Person links vorne übernimmt immer die Lenkung. Fährt man also zu zweit einkaufen, koppelt man vielleicht drei Einheiten hintereinander, zwei für die Personen, die dritte für den Transport der gekauften Waren. (ii) Mautos sind einzeln so klein, dass man damit in die dafür entsprechend umgebauten öffentlichen Verkehrsmittel (Nah- und Fernverkehr) hineinfahren kann, und dort statt Sitzen eine Verankerung für das Mauto findet. Am Zielort fährt man mit dem Mauto hinaus und weiter. (iii) Mautos sind so schmal, dass sie auf vernünftig angelegten Radwegen (also auf von Autos getrennten Verkehrswegen) fahren können. (Für einen Nachdruck der ursprünglichen Publikation zu Mautos siehe [Maurer 2004].) Ein anderes Beispiel wäre, dass wir uns nicht auf den Bürgersteigen und Straßen bewegen, sondern dass sich diese bewegen, und wir stehen (sitzen?), oder wir gehen darauf wie wir wollen. In großen Flughäfen haben wir uns inzwischen schon an die „horizontalen Rolltreppen", sprich „Travellators" gewöhnt. Warum bauen wir nicht in einer Fußgängerzone in jede Richtung drei aneinander liegende, die mittlere mit höherer Geschwindigkeit als die äußeren?

Wird man für den Fernverkehr noch immer Autos verwenden, oder doch in erster Linie Eisenbahnen? Oder werden dafür computergesteuerte kleine Flugzeuge verwendet, wie das Moller [Moller] vorschwebt?

Und wie ist es mit dem Gütertransport? Sollte man beim Kabelverlegen nicht auch gleich Röhren mitverlegen, die einmal für den Transport als moderne Version der Rohrpost mit computergesteuerten Robotern im Internet bestellte Produkte direkt ins Haus liefern? Wie groß und hoch muss man Tunnel und Brücken über Verkehrswege bauen, um große Objekte (Jachten, Turbinen, ...) transportieren zu können. Ist es da nicht doch sinnvoller, große lenkbare Luftschiffe à la Zeppelin einzusetzen, mit denen man ohne Behinderung beliebig große Objekte zwischen beliebigen Orten transportieren kann? Fazit: Es ist klar, dass wir den Transport weiter ausbauen müssen. Aber ob es besser ist, sich dabei auf Autobahnen, Eisenbahnen oder exotischere Alternative zu konzentrieren, wissen wir nicht!

1.2 Schulen

Wenn wir in der Grundschule unterrichten, wollen wir doch sicher nicht etwas unterrichten, was langfristig wertlos ist. Sollen wir also noch Schreibschrift unterrichten, wenn Kinder, die heute sechs Jahre alt sind, im Jahr 2020 ziemlich sicher nicht mehr Informationen per Handschrift festhalten? Die Verteidiger der Schreibschrift sagen, dass deren Erlernung für eine gute Hand-Augenkoordination wichtig ist. Mag sein, aber könnte man das nicht besser durch Jonglieren von drei Bällen lernen, und wäre das für die Kinder nicht lustiger? Ist das oberflächliche Erlernen einer Fremdsprache noch sinnvoll, wenn ich in zehn Jahren bestimmt in mein Handy auf Deutsch hineinsprechen kann, mein Gesprächspartner das aber leidlich gut übersetzt über sein Handy empfängt, gleichgültig ob er neben mir oder tausend Kilometer entfernt steht?

Ich argumentiere hier nicht gegen Sprachunterricht per se: man kann ein Land nur verstehen, wenn man dessen Sprache gut beherrscht. Ich behaupte nur, dass das oberflächliche Lernen von Sprachen für einfache Kommunikation bald aufgrund der Technik überholt sein wird. Müssen Schüler wirklich noch umfangreiche Fakten in Geografie, Geschichte usw. lernen, wenn sie diese auf ihren Smartphones des Jahres 2015 ganz einfach in ihre Brillen eingeblendet bekommen können, wie das zurzeit Google massiv verfolgt (man gebe Google Glass in eine beliebige Suchmaschine ein). Übrigens hat der Autor bereits vor 20 Jahren solche Brillen vorhergesagt, – einer der wenigen Fälle, wo so langfristige Prognosen zutreffen dürften. Dass Technologie die Weitergabe von Wissen dramatisch ändert, und zwar anders, als man das oft hört, darauf werde ich in einem späteren Abschnitt genauer eingehen.

2. Warum langfristige Prognosen schwierig (unmöglich?) sind

In diesem Abschnitt führe ich einige der Gründe auf, warum langfristige Prognosen so schwierig sind. Ich beginne mit den „offensichtlichen" Gründen, doch wende ich mich dann auch immer subtileren zu.

2.1 Extrapolation aus der Vergangenheit

Ich war vor ca. 50 Jahren das erste Mal im Tomorrow-Land des Disneylands in Annaheim, Kalifornien. Top-Experten zeigten im Tomorrow-Land, wie die Welt nach 2000 aussehen würde: atombetriebene Eisenbahnen, Städte am Meeresboden, Roboter, die das von ihnen gekochte Frühstück ans Bett brachten usw. Mit anderen Worten: (fast) alles, was die Experten prognostizierten, traf nicht ein. Aber alle wichtigen Entwicklungen wurden nicht einmal geahnt: Laser, Antibabypille, Internet, Handys, Luftverschmutzung, Klimawandel usw. Ich denke, das lässt eine einfache Extrapolation zu: würden wir heute versuchen aufzuzeigen, wie die Welt 2060 aussehen wird, würden wir genau so daneben liegen.

2.2 Das Wissen veraltet sehr rasch

In wichtigen Bereichen hat das Wissen nur mehr eine „Halbwertszeit" von sechs Jahren: in der Medizin, der Biologie, der Informatik, der Chemie, der Physik usw. verdoppelt sich das Wissen in sechs Jahren. Wie soll man dann also Prognosen über 18 Jahre machen, wenn ich heute nur 1/8 von dem weiß, was man in wichtigen Gebieten dann wissen wird?

2.3 Das Wissen wächst in Sprüngen, nicht stetig

Das intuitive Gefühl, dass sich unser Wissen in z. B. naturwissenschaftlichen Belangen „linear nach oben" entwickelt, ist falsch. In Wahrheit verläuft die Entwicklung in Sprüngen. Diese Sprünge entstehen durch neue Entdeckungen und Erfindungen. Und diese sind ja per definitionem nicht vorhersehbar. Wie hätte man 1450 vorhersehen können, dass die USA einmal die Welt in vieler Hinsicht dominieren würde, wo doch Amerika 1450 noch nicht entdeckt war! Wie hätte man 1900 über die Bedeutung der Atomkraft und die Gefahren der Atombomben diskutieren können, zu einem Zeitpunkt, als das Atom noch als „atomos" (sprich unteilbar) galt? Ähnliches gilt natürlich auch für die Medizin (denken wir nur an Antibiotika oder Organverpflanzungen), für die gesamte Computer- und Kommunikationstechnik usw.

2.4 Anwendungen sind unvorhersehbar

Selbst wenn eine Erfindung gemacht wird, sind ihre Anwendungen und Auswirkungen oft völlig unvorhersehbar, wie nur zwei bekannte Beispiele belegen sollen.

Der berühmt-berüchtigte Erfinder und Geschäftsmann Thomas Alva Edison entwickelte u. a. den ersten Phonographen (Vorläufer des Platten-spielers bzw. der Audio-CD). Als eine der wichtigsten Eigenschaften des Gerätes hielt er die Tatsache, dass man damit Musik langsamer und schneller abspielen konnte, ganz wie man wollte!

Karl Wilhelm Otto Lilienthal war nach heutigem Wissen der erste Mensch, der erfolgreich und wiederholbar Gleitflüge mit einem Flugzeug (Hängegleiter) absolvierte und dem Flugprinzip schwerer als Luft damit zum Durchbruch verhalf. Er glaubte, dass Flugzeuge, die problemlos Grenzen überfliegen konnten, diese auflösen und dauernden Frieden schaffen würden – dass sie einmal eines der mächtigsten Mittel der Kriegsführung werden würden, kam ihm nicht in den Sinn.

2.5 Erfolg hängt von vielen externen Parametern ab

Der Erfolg einer Entdeckung hängt auch von vielen externen Parametern ab. Die Wirtschaftskrise der 1920er Jahre bremste das ohnehin nur langsame Vordringen der Telephonie so stark, dass sie von vielen schon als Totgeburt angesehen wurde! Umgekehrt haben Kriege manche Technologien (Unterseebote, Flugzeugbau, Raketentechnik, Kryptographie) enorm beschleunigt. Warum sich überschallschnelle Verkehrsmaschinen bis heute nicht durchgesetzt haben, ist eigentlich unklar. Die enorme Stimmungsmache gegen Atomenergie, vor allem im deutschsprachigen Europa, hat keine technisch-wissenschaftliche Basis, vielmehr sind sogar die jetzigen Kernkraftwerke (und es gibt schon sicherere Technologien) nach Wasserkraftwerken die sicherste Methode, Strom zu erzeugen usw.

2.6 Es gibt mehr Überraschungen als wir annehmen

Keiner erklärt das besser als Taleb [Taleb 2010]. Schon im Vorwort erzählt er, wie das gerade geschlüpfte Gänseküken zunächst Angst vor dem „riesigen" Lebewesen Bauer hat, aber da dieser jeden Tag Futter und frisches Wasser bringt, und einmal wöchentlich den Stall sauber macht, wächst das Vertrauen des Tieres immer mehr: wie die Gans im Sommer schon ein schönes großes Tier ist, ist sie mit sich und der Welt und dem Leben voll zufrieden und ist sicher überrascht, als sie ein paar Tage vor Martini den Kopf verliert, weil sie als prächtiger Martinibraten auf den Tisch kommen wird.

Und so wie die Gans überrascht ist, wenn sie den Kopf verliert, waren wir es, als der Ostblock zusammenbrach, die Bankenkrise uns überfiel, der arabische Frühling ausbrach usw. Jede Person, jede Organisation, jedes Land erlebt immer wieder gewaltige Überraschungen, aber diese machen natürlich Prognosen (die alle auf stetiger Extrapolation beruhen) unmöglich.

2.7 Wir legen uns zu früh fest

Ein interessantes oft wiederholtes Experiment wird auch von Taleb [Taleb 2010] geschildert. Ich fotografiere ein Objekt, um konkret zu sein einen Ziegel, und zwar bewusst unscharf. Ich zeige das unscharfe Bild einer Personengruppe und frage, was sie sieht. Um konkret zu sein, nehmen wir an, 80 Prozent erkennen richtig „das ist ein Ziegel", und 20 Prozent meinen, es ist etwas anderes (eine Schachtel, ein Buch, einen Holzklotz ...). Nun nehme ich das unscharfe Foto und fotografiere es nochmals unscharf. Ich habe also jetzt zwei Fotos: ein unscharfes und ein sehr unscharfes. Ich gebe einer vergleichbaren Personengruppe zunächst das sehr unscharfe Foto und etwa später das unscharfe und bitte wieder zu sagen, was man sieht. Überraschenderweise erkennen jetzt sehr viel *weniger*, dass es sich um einen Ziegel handelt, obwohl sie doch mehr Informationen haben.

Der Grund dafür ist, dass alle Menschen sehr früh eine These bilden, und von dieser „nur noch mit zwölf Pferden" weggebracht werden können, auch wenn schon alles gegen die These spricht. D. h. die Vergleichsgruppe bildet auf der Basis des sehr unscharfen Bildes eine These, und dass dann das weniger unscharfe Bild vielleicht der These widerspricht, führt nicht mehr zur Änderung der Meinung. (Ein Phänomen, das man auch bei Diskussionen oft beobachten kann.)

Dieses „frühe Festlegen" behindert auch unsere Chancen, gute Vorhersagen zu machen. Wir glauben auf der Basis heutiger Erfahrungen, dass sich etwas in eine bestimmte Richtung entwickeln wird, und sind psychologisch nicht bereit, unsere Meinung (Vorhersage) zu ändern, auch wenn schon alles dagegen spricht!

2.8 Veränderung der Quantität ändert die Qualität

Ich formuliere das meist so: Vergrößert man ein Phänomen stark, dann erhält man nicht mehr von diesem Phänomen, sondern ganz neue Phänomene.

Mein liebstes Beispiel ist die „Wasseranalogie": Stellen wir uns vor, wir erzählen einem Beduinen, der in seinem Leben noch nie mehr Wasser gesehen hat als in einem Tümpel in einer Oase, vom Bodensee. Er wird uns nicht glauben, dass es so große Wassermengen gibt. Gelingt es uns dann doch, ihn zu überreden, nachzudenken, was eine so große Wassermenge bedeutet, so wird er mit Aussagen kommen, wie: „Das wäre ja toll. Dann könnten alle Kamele aller Stämme gleichzeitig Wasser trinken, und die Reihenfolge, wer das dann schon aufgewühlte und nicht mehr so saubere Wasser bekommt, wäre nicht mehr wichtig!" Ich bin überzeugt, dass ein solcher Mensch aber nicht auf die Idee kommen würde, dass man bei so großen Wassermengen Fahrzeuge braucht, um es zu überqueren (Schiffe); dass bei starkem Wind das Wasser in Schwingungen gerät (Wellen); dass diese Schwingungen so groß sein können, dass sie das Fahrzeug umkippen, die Menschen darauf ins Wasser fallen und vielleicht ertrinken würden. Wasser in der Wüste ist immer lebensrettend, dass es auch töten kann, ist in der Wüste kaum glaubwürdig. Ich bin auch überzeugt, dass sich ein solcher Beduine nicht vorstellen kann, dass er an einem schönen Herbstnachmittag in Konstanz am Bodensee steht, die Berge und die Landschaft genießt, und plötzlich geschieht etwas Unheimliches: alles wird unsichtbar (weil Nebel aufsteigt). Also, obwohl der Bodensee eigentlich auch nur eine Grube mit Wasser ist, treten doch ganz neue Phänomene auf, weil die Quantität so verschieden ist.

Man kann unzählige ähnliche Beispiele angeben: als das Ford Model T (die „Tin Lizzie", also die „Blechliesel") 1908 vom Fließband rollte, konnte keiner ahnen, dass heute die Weltwirtschaft kränkelt, wenn es der Autoindustrie schlecht geht, dass zwischen 1945 und heute mehr Menschen durch Autounfälle starben als durch alle Kriege in dieser Zeit zusammen, dass Tausende Quadratkilometer zubetoniert wurden, Millionen von Menschen am Autolärm leiden, die ganze Menschheit an schlechterer Luft und potentieller Klimaerwärmung, viele Kriege nur geführt wurden, um die Treibstoffversorgung sicher zu stellen usw.

Die Tatsache zu verstehen, dass die Quantität die Qualität völlig verändert, ist darum so wichtig, weil wir heute vor einem neuen Umbruch stehen: Die Smartphones werden in fünf bis acht Jahren so mächtig sein, dass jeder jederzeit eines wird mit sich tragen müssen. Und dieser Sprung in der Quantität wird ganz neue Phänomene auslösen, die wir leider genau so wenig vorhersehen können wie der Beduine, was es bedeutet, wenn man sehr viel mehr Wasser als nur in einem Tümpel in einer Oase hat.

2.9 Wir sind zu eingebildet

Ein weiterer Grund, warum wir bei der Vorhersage von zukünftigen Szenarien so versagen ist, dass wir zu eingebildet sind. Wir Menschen glauben zu jedem Zeitpunkt „alles Wichtige" schon zu verstehen. In Wahrheit verstehen wir fast nichts: in allen naturwissenschaftlichen Bereichen sind wir von einem gründlichen Versehen meilenweit entfernt. Zwei Beispiele mögen das belegen.

Wir wissen, dass (eine Variante) der Photosynthese, die ein grünes Blatt durchführt, einer einfachen chemischen Summenformel entspricht:

$$6\,CO_2 + 6\,H_2O \rightarrow C_6H_{12}O_6 + 6\,O_2$$

D. h. aus sechs Molekülen Kohlendioxyd und sechs Molekülen Wasser wird (auf kompliziertem Weg und mit Energiezufuhr, beim Blatt durch Sonnenenergie) ein Molekül Glukose (Traubenzucker) und zwölf Atome Sauerstoff hergestellt. Jeder grüne Grashalm kann das, wir Menschen aber nicht. Wenn ja, könnten wir überschüssiges Kohlendioxyd vernichten und zusammen mit nur Wasser Nahrungsmittel und Sauerstoff erzeugen. Die gesamte Menschheit ist also, überspitzt formuliert, dümmer als jeder Grashalm!

Wir glauben, wir verstehen etwas von Energie. Aber nichts könnte weiter entfernt von der Wahrheit sein. Wir können z. B. Licht nicht speichern: Die Schildbürger versuchten, Licht in Schachteln in das fensterlose Rathaus zu tragen. Wir lächeln darüber, aber warum haben die Physiker noch immer kein Kästchen entwickelt, das ich in die Sonne stellen kann, das dann das einfallende Licht speichert und ich es jederzeit wieder (etwa als Taschenlampe für mein halbes Leben) verwenden kann? Natürlich können wir Licht erzeugen (durch elektrischen Strom oder durch eine Flamme; aber das entstandene Licht speichern vermögen wir nicht.)

Ähnlich ist es mit fast jeder anderen Energieform: Wir können jede Energieform in fast jede andere mit viel Verlusten überführen, aber direkt speichern können wir kaum eine Energieform. Wir können Wärme ein bisschen in Thermosflaschen speichern oder Strom in Batterien, wo die besten noch immer nur 1/10 der Energiedichte von Benzin haben. Speicher für kinetische Energie (Schwungräder) sind wegen der Reibung nur begrenzt verwendbar usw. Und der größte Witz der Geschichte ist aber die einsteinsche Zauberformel

$$e = mc^2$$

Diese sagt uns, dass bei Massevernichtung sagenhaft große Energiemengen entstehen. Aber wir sind sehr weit davon entfernt, Masse vernichten zu können. In Kernkraftwerken spalten wir Uran in zwei Elemente, deren gemeinsame Masse eine Nuance kleiner ist als die des Urans: und das Verschwinden dieser Nuance gibt uns Energie. Bei der Explosion einer Wasserstoffbombe werden z. B. jeweils zwei Wasserstoffatome in ein Heliumatom verschmolzen. Ein Heliumatom hat ein bisschen weniger Masse als zwei Wasserstoffatome: So kommt es zu der Energie einer Wasserstoffbombe oder, wenn wir den Vorgang irgendwann einmal langsam ablaufen lassen können, zu einer guten Energiequelle. Nur: Könnten wir einen einfachen Brocken Stein auflösen, wir hätten wahrlich Energie im Überfluss. Die Einsteinsche Formel kann natürlich auch in der anderen Richtung gelesen werden: riesige Energiemengen können theoretisch in etwas Masse umgewandelt werden. Würden wir das beherrschen, könnten wir jede Klimaerwärmung sofort stoppen!

Wie wenig wir wissen, wird sehr gut in dem Buch von Kaku [Kaku 2010] oder einem seiner Bücher über die Physik in 100 Jahren, erklärt.

2.10 Es gibt vieles, das wie Wunder aussieht, aber bald Realität sein wird

Seit drei Jahren zeige ich die nachstehende Liste als Beispiel:
(1) Unsichtbarkeit
(2) Telepathie
(3) Mini-Drohnen
(4) Telekinese
(5) Virtuelle statt realen Reisen
(6) 3D-TV ohne Brillen
(7) Nahrungsmittelerzeugung mit Enzymen
(8) Durchbrüche bei der Gentechnologie
(9) Durchbrüche bei der Nano-Technologie.
In dieser kurzen Zeitperiode wurde (6) kommerziell erhältlich und kann (1) unter dem Titel „Active Camouflaging“ in Forschungslabors demonstriert werden. Auch bei (5), (7) (Enzyme, die eine Tonne Holz in eine halbe Tonne Zucker verwandeln), (8) und (9) gibt es große Fortschritte, (2) wird durch Hirn-Computerinterfaces immer mehr angenähert, und (3) und (4) behandle ich in dem Science Fiction Roman [Maurer 2009].

Auf weitere Details gehe ich hier nicht ein: die Liste und die angedeutete Entwicklung soll nur zeigen, wie rasch Wunder Realität werden. Und schließlich, wären Sie mit einer Digitalkamera vor ein paar Hundert Jahren herumgelaufen, wären Sie sofort am Scheiterhaufen gestanden!

3. Die Konvergenz von Technologien

Seit Jahren zeichnet sich eine zunehmende Konvergenz der Technologien ab: Computer, Mobiltelefon, Netzwerke, Kamera, Videokamera, GPS, Spracheingabe, Sprachsynthese, elektronischer Ausweis (anstelle von Führerschein, Personalausweis und Reisepass) und Zahlungsmittel. Das ist genau der Grund, warum der Punkt 2.8 so relevant ist.

Diese Entwicklung wird die gesamte Gesellschaft tiefgreifend verändern. Die Spitze des Eisbergs ist ja auch schon zu sehen. Diese Entwicklung wird aber auch die Wissensweitergabe dramatisch ändern, wie schon Kulathuramaiyer [Kulathuramaiyer 2009] aufgezeigt hat. Lehren und Lernen werden sich grundlegend ändern. Einige Aspekte davon werden in den nächsten drei Abschnitten behandelt.

3.1 Chancen der Symbiose Hirn-Computer-Netzwerke

Die Tatsache, dass wir über immer besser werdende Smartphones stets Informationen aus dem Web abrufen werden können, und diese über neue Displaytechnologien wie Brillen für uns sichtbar, für andere unsichtbar, über das, was wir sehen, darüber gelagert werden können (siehe Abschnitt 1.2) wird sehr stark verändern, wie wir leben und arbeiten. Wir werden in der überübernächsten Generation von Smartphones einen ganz mächtigen Assistenten finden, der uns mit Wissen, aber auch beim Denken unterstützt.

Bei der Wissensvermittlung, beim E-Teaching und E-Learning wird es höchste Zeit, dass sich die Betonung von „*Wie* unterrichten wir mit den neuen Technologien am besten?“ (was heute der Forschungsschwerpunkt von Hunderttausenden von Menschen ist) verschiebt zu den Fragen „*Was* sollen wir in Zukunft unterrichten“ und „*Wann* soll das geschehen.“ (Was heute erst von wenigen Forschern untersucht wird.)

Schon im Abschnitt 1.2 habe ich diese Problematik angeschnitten, und habe meine Zweifel angemeldet, ob Schreibschrift oder oberflächlicher Sprachunterricht heute noch sinnvoll sind. Tatsächlich ist das *Was* ein wichtiges, schwieriges und bisher wenig erforschtes Thema.

Warum sollen Medizinstudenten heute noch die Dosierungen oder Wechselwirkungen von Medikamenten lernen? Zumindest in Mitteleuropa wird kein Rezept ohne vernetztes Computersystem vom Arzt ausgestellt, und dabei werden Dosierungen und Wechselwirkungen genauer angegeben, als man das je lernen könnte. Dies umso mehr, als Ansätze wie die elektronische Gesundheitsakte [elga] in Österreich alle in der letzten Zeit verabreichten Medikamente zeigt. D. h. auch über Zeit und Ortsgrenzen hinweg wird bei der Verschreibung einer Arznei untersucht, ob diese geeignet ist.

Warum sollen Schüler heute noch lernen, wie man aus drei Bestimmungsstücken ein Dreieck konstruiert? Sie, der Leser, haben das wahrscheinlich noch gelernt, doch wie viele Dreiecke haben Sie in der letzten Woche konstruiert? Das Argument „Man lernt dadurch logisches Denken“ mag schon stimmen, aber sollten wir dann nicht lieber pro Woche eine Stunde Schach in der Schule unterrichten/spielen lassen? Auch das würde das logische Denken fördern, aber sicher mehr Spaß machen.

Diese Liste ist beliebig fortsetzbar. Es ist klar, das man gewisse Grundelemente im eigenen Hirn haben muss, und eine gewisse Lösungskompetenz und Übung im logischen Denken. Aber wo das genau aufhört, und wo wir Daten aber auch Denkvorgänge den Computern überlassen können, ohne unser Menschsein zu verlieren oder zu verdummen [Carr 2010] wissen wir heute nicht. Auch ich habe hier keine allgemeine Antwort, aber das dringende Plädoyer, dass diese Frage als eine zentrale Forschungsfrage gesehen wird.

Auch von Bedeutung ist die Frage, *wann* etwas unterrichtet werden soll. Bisher haben wir sozusagen auf „Vorrat“ gelernt, auf „Verdacht“, dass wir irgendwas einmal vielleicht brauchen werden. Es erscheint sehr viel sinnvoller, nur das zu unterrichten, was wir mit großer Sicherheit benötigen werden, und den Rest dann, wenn wir es brauchen: Dieses „on the fly learning" oder das „lebenslange Lernen" wird in so vielen Publikationen behandelt, dass ich hier nicht näher darauf eingehen will. Nur einen radikalen Denkanstoß darf ich anbringen: wie wäre es, wenn wir Abitur (Matura) mit 15 machen, den Bachelor mit 18 und Diplom mit 20, indem wir den Stoff sehr bereinigen. Gleichzeitig schlage ich vor, dass jeder Mensch pro Jahr zwei Wochen lang ein Seminar besuchen muss (mit Prüfung; wenn er die oft nicht schafft, wird ihm ein Titel aberkannt), und zwar bis zum Pensionsalter, also z. B. mit 65 Jahren. Zusammen wären das 90 Wochen, das entspricht wohl in etwa drei Jahren Schule oder Uni. D. h. insgesamt würden wir gar nicht viel weniger lernen als heute, nur besser über das Leben verteilt.

3.2 Gefahren von Computernetzen

Je mehr wir uns auf Smartphones und Computernetze verlassen, umso abhängiger werden wir von diesen. Ein großflächiger, langer Zusammenbruch der Computernetze (oder der Stromversorgung) hätte schon heute schlimme Folgen (wie einige große und oft mehrere Tage andauernde Netzstörungen gezeigt haben), könnte aber in Zukunft zum Zusammenbruch der Zivilisation führen, wie von mir bereits beschrieben [Maurer 2007]. Dort wird aber auch erklärt, wie wir uns davor schützen können: durch mehr Redundanz, durch weniger Globalisierung, durch verstärkte regionale Versorgung in allen Bereichen.

Dass unsere Privatsphäre durch die neuen Technologien enorm gelitten hat, selbst wenn wir sehr vorsichtig sind, ist wohlbekannt und wäre einen eigenen Aufsatz wert. Auch die Gefahr von Suchmaschinen in drei Richtungen ist wohlbekannt, aber doch sind wir ohne Suchmaschinen inzwischen hilflos. Die drei „Richtungen" sind einerseits wieder Privatsphäre (Google weiß mehr über Sie als alle ihre Freunde zusammen), andererseits die Problematik des Rankings und der Verlässlichkeit. Jede Suchmaschine ordnet die gefundenen Suchresultate nach einem gewissen (im Allgemeinen unbekannten) Algorithmus an. Es ist Suchmaschinen nicht gesetzlich verboten, in irgendeiner Weise in das „Ranking" einzugreifen. Es könnte durchaus sein, dass ein besseres Ranking aufgrund von Kriterien erfolgt, die nicht den Benutzern helfen, sondern den wirtschaftlichen Interessen des Betreibers der Suchmaschine. Dass gefundene Informationen nicht immer verlässlich sind, sollte allen von uns eindringlich bewusst sein. Ein klassisches Beispiel dazu war bis 2011 der „Grüne Ritterling", der auf den zunächst (z. B. über Google) gefundenen Ergebnisseiten als schmackhafter Pilz beschrieben wurde, auf einem weiter hinten liegenden Suchergebnis als „tödlich giftig". Heute hat sich die Situation „eingependelt": er wird fast überall als „in seltenen Fällen Krämpfe auslösend" beschrieben. Sprich: er ist vermutlich genau so wenig giftig wie Erdnüsse oder Milch, nur gibt es eben Erdnussallergien und Laktoseunverträglichkeit, also auch Menschen mit Grünling-Unverträglichkeit.

Dass eine Suche nach dem Siedepunkt des Radiums am 12.8.2012 ganz verschiedene Angaben lieferte (1140, 1736, 3828 und 3825 Grad Celsius) zeigt jedenfalls, wie vorsichtig man mit Suchergebnissen umgehen muss.

3.3 Computernetze verändern die Menschen

Seit Jahren wird immer deutlicher, dass eine intensive Beschäftigung mit den neuen Technologien nicht ungefährlich ist. Brabazon [Brabazon 2007] weist bereits schlüssig nach, dass zu viele SMS, Kurzbotschaften wie Twitter, kurze E-Mails etc. nicht nur zu einer „Gehirnentleerung" führen, sondern auch dazu, dass das verstehende Lesen immer mehr auf der Strecke bleibt. Mit einem ähnlichen Thema beschäftigt sich Carr [Carr 2010], wobei dieses Buch schon 2008 in den USA erschien: Carr fürchtet, dass das Internet zur Verdummung der Menschen führt. Nielsen hat noch früher nachgewiesen, dass das Lesen am Schirm das Gehirn verändert und Menschen, die viel am Computerschirm und im Web arbeiten zum „F-Lesen" tendieren, d. h. nur gewisse Teile des Schirms lesen, andere kaum oder nie (etwa den unteren rechten Teil einer Seite). Ist das schon bestürzend genug, so ist es noch fataler, dass solche Lesegewohnheiten (die gewisse neuronale Verknüpfungen – Synapsen – auslösen) sich auch auf das Lesen von gedrucktem Material auswirken.

Das gerade erschienene Buch „Digitale Demenz" des bekannten deutschen Psychiater und Psychologen Manfred Spitzer [Spitzer 2012] geht exakt auf dieses Thema ein. Spitz formuliert Spitzer, dass eigentlich jede Zeit, die man junge Menschen vom Web und Smartphones fernhält, positiv ist.

Sein Buch mag zu radikal sein, wenn er feststellt: „Nach den vorliegenden wissenschaftlichen Erkenntnissen braucht man einen Computer zum Lernen genau so dringend wie ein Fahrrad zum Schwimmen oder ein Röntgengerät, um Schuhe anzuprobieren", aber andererseits steht ja im Jahresbereicht der Suchtbeauftragten der deutschen Bundesregierung Mechthild Dyckmans vom Mai 2012: „Etwa 250.000 der Vierzehn- bis Vierundzwanzigjährigen gelten als internetabhängig, 1,4 Millionen als problematische Internetbenutzer."

4. Computernetze – Freunde oder Feinde?

Ich denke es ist nicht schwer, für beide Seiten gute Beispiele zu finden. Es ist zu früh, um ein endgültiges summarisches Urteil zu fällen.

Im Sinne von Abschnitt 2.8 muss uns aber bewusst sein, dass die totale Verbreitung des Internets und der Smartphones neue Phänomene mit sich bringt, von denen einige positiv andere negativ zu sehen sind: Glücksspielsucht oder gewalttätige Multi-Personen-Spiele sind dafür wohl gute Beispiele für negative Aspekte. Eine gewisse Demokratisierung der Information, Verfügbarkeit vielseitigerer Information oder Unterrichtsunterstützung in gewissen Situationen gehören wohl zu den positiven Aspekten. Ob wir durch die Verlagerung vieler Aktivitäten aus dem Gehirn zu Computernetzen nicht das Gehirn unterfordern und daher zwangsweise verdummen, ist wohl nicht ganz von der Hand zu weisen. Die Antwort sollte sein: Was wir an Zeit durch Computernetze sparen, sollten wir anders sinnvoll einsetzen.

Eine genaue kritische Beobachtung der neuen Netztechnologien ist sicher notwendig, um langfristige Schäden zu vermeiden.

Literatur

Brabazon, Tara: „The University of Google: Education in the (Post) Information Age", Ashgate Publishing (2007).

Carr Nicholas und Dedekind, Henning: „Wer bin ich, wenn ich online bin ... und was macht mein Gehirn solange?", München, Blessing Verlag (2010).

https://www.gesundheit.gv.at/Portal.Node/ghp/public/content/elektronische-gesundheitsakte-einleitung.html.

Kaku, Michio: „Die Physik des Unmöglichen: Beamer, Phaser, Zeitmaschinen", Reinbek, rororo Taschenbuch (2010).

Kulathuramaiyer, Nara und Maurer, Hermann[Kulathuramaiyer 2009]: Knowledge Gathering as it Changes with New Technologies, in: Proc. IADIS Conference Portugal (June 2009), 25-32.

Maurer, Hermann:

- „Das Mauto", in: XPERTEN. Der Anfang, Linz, Freya Verlag (2004), 182-187.
- „XPERTEN: Paranet – Der Zusammenbruch des Internets", Linz, freya Verlag (2007).
- „XPERTEN: Kampf dem großen Bruder", Linz, freya Verlag (2009).

www.moller.com.

Spitzer, Manfred: „Digitale Demenz: Wie wir uns und unsere Kinder um den Verstand bringen", München, Droemer 2012.

Nassim Nicholas: „Der schwarze Schwan", München, Deutscher Taschenbuch Verlag (2010).

Zu den Autoren

Dominik Becker

Studium der Soziologie, Philosophie, Germanistik an der Universität zu Köln. Wissenschaftliche Hilfskraft am Institut für Berufs- und Weiterbildung (Universität Duisburg-Essen. 2008 Wissenschaftlicher Mitarbeiter am Institut für Sozialwissenschaften, Abteilung Soziologie, der Heinrich-Heine-Universität Düsseldorf. 2011-2013 Wissenschaftlicher Mitarbeiter am Institut für Schulentwicklungsforschung der Technischen Universität Dortmund.

Publikationen (Auswahl):

The impact of teachers' expectations on students' educational opportunities. Rationality und Society 25(4), S. 422-469.

Lehrer als ‚Gatekeeper'? Eine theoretische Annäherung an Determinanten und Folgen von Lehrererwartungen. In: Schulze, A. und R. Becker (Hrsg.): Bildungskontexte. Strukturelle Voraussetzungen und Ursachen ungleicher Bildungschancen. Wiesbaden, S. 207-237.

Wilfried Bos

Studium der Sozialpädagogik und Erziehungswissenschaft in Münster. Lehrbeauftragter an der Universität Münster. 1989-1995 Hochschulassistent an der Universität Hamburg. 1997-1998 Max-Planck-Institut für Bildungsforschung in Berlin, Projektleitung TIMSS/III. 2000-2005 Professur an der Universität Hamburg. 2005-2014 Direktor des Instituts für Schulentwicklungsforschung in Dortmund. Seite 2005 Professor für Bildungsforschung und Qualitätssicherung an der Universität Dortmund.

Publikationen (Auswahl):

Grundschule in der digitalen Gesellschaft. Befunde aus den Schulleistungsstudien IGLU und TIMSS 2011, Münster 2014.

Lernen in Vielfalt. Chance und Herausforderung für Schul- und Unterrichtsentwicklung, Münster 2013.

Schulinspektion in Deutschland, Münster 2011.

Rainer Dollase

Studium der Psychologie in Saarbrücken, Düsseldorf und Köln. Lehr- und Forschungstätigkeit an den Hochschulen Aachen, Köln, Essen und Bielefeld von 1970 bis 2008, danach Lehraufträge an der PH Karlsruhe bis 2011.

Publikationen (Auswahl):

Gewalt in der Schule, 2010.

Entwicklung und Erziehung, Stuttgart 1985.

Grenzen der Erziehung, Düsseldorf 1984.

Andreas Gold

1976-1982 Studium der Psychologie an der Universität Heidelberg. Wissenschaftlicher Mitarbeiter am Max-Planck-Institut für Psychologische Forschung/München und am Institut für Pädagogische Psychologie der Goethe-Universität Frankfurt. 1994-1998 Professor für Pädagogische Psychologie an der Pädagogischen Hochschule Ludwigsburg und seit 1998 Professur für Pädagogische Psychologie an der Goethe-Universität Frankfurt.

Publikationen (Auswahl):

Lernschwierigkeiten. Ursachen, Diagnostik, Intervention, Stuttgart 2011.

Leseflüssigkeit fördern. Lautleseverfahren für die Primar- und Sekundarstufe, Seelze 2011.

Lesen kann man lernen, Göttingen 2010.

Marcus Hasselhorn

1977-1978 Ausbildung zum Industriekaufmann, 1978-1983 Studium der Psychologie an der Universität Göttingen. 1985-1993 Wissenschaftlicher Angestellter am Institut für Psychologie der Universität Göttingen. 1993-1997 Professor für Entwicklungspsychologie an der Technischen Universität Dresden. 1997-2007 Professor für Pädagogische Psychologie und Entwicklungspsychologie an der Universität Göttingen. Seit 2007 Professor für Psychologie am Deutschen Institut für Internationale Pädagogische Forschung in Frankfurt/M.

Publikationen (Auswahl):

Lernverlaufsdiagnostik, Göttingen 2014.

Funktionsdiagnostik des Arbeitsgedächtnisses, Göttingen 2012.

Frühprognose schulischer Kompetenzen, Göttingen 2011.

Entwicklungspsychologie des Jugendalters, Göttingen 2008.

Bardo Herzig

Studium der Informatik, Physik und Erziehungswissenschaft an den Universitäten Bielefeld und Paderborn. 1997 Promotion und 2002 Habilitation in Erziehungswissenschaften. 2002-2006 Vertretungsprofessuren an der Fernuniversität Hagen und der Ruhr-Universität Bochum. Seit 2006 an der Universität Paderborn und seit 2009 Direktor des Paderborner Zentrums für Bildungsforschung und Lehrerbildung.

Publikationen (Auswahl):

Gestaltungsorientierte Bildungsforschung und Didaktik, Bad Heilbrunn 2013.

Medienbildung, München 2012.

Medienbildung in Schule und Unterricht, Stuttgart 2010.

Gestaltung von Unterricht. Eine Einführung in die Didaktik, Bad Heilbrunn 2004.

Klaus Hurrelmann

Studium der Soziologie, Psychologie und Pädagogik an den Universitäten Freiburg, Berkeley (USA) und Münster. 1975-1980 Professor an der Universität Essen. 1979-2009 Professor an der Universität Bielefeld. Seit 2007 Leiter des von ihm mit begründeten Instituts für Gesundheits- und Bildungsforschung in Berlin. Seit 2009 Senior Professor of Public Health and Education an der Hertie School of Governance in Berlin.

Publikationen (Auswahl):

Kinder in Deutschland 2013, Weinheim 2013.

Koedukation – Jungenschule auch für Mädchen?, Heidelberg 2012.

Kinder – Bildung – Zukunft, Stuttgart 2011.

Gewalt an Schulen, Weinheim 2007.

Johannes Magenheim

1968-1974 Studium der Fächer Mathematik, Politik- und Erziehungswissenschaften in Marburg. Ab Unterricht in Mathematik, Gesellschaftslehre und Informatik in Sek. I und Sek. II. 1982-1988 Mitarbeiter am Hessischen Landesinstitut für Pädagogik und Lehrbeauftragter an der Universität Gesamthochschule Kassel. Seit 1998 Professur für Didaktik der Informatik an der Universität Paderborn. Mitglied des Vorstandes des Paderborner Lehrerausbildungszentrums.

Publikationen (Auswahl):

Informatik macchiato, Halbergmoos 2013.

Informatische Bildung – Digitale Medien in Lernprozessen, München 2012.

Schule in der digitalen Welt, Heidelberg 2011.

Alexander Martin

Studium des Lehramtes für die Fächer Deutsch, Pädagogik und Erziehungswissenschaften an Gymnasien und Gesamtschulen an der Universität Paderborn. Seit 2011 wissenschaftlicher Mitarbeiter in der Arbeitsgruppe Schulpädagogik, Allgemeine Didaktik und Medienpädagogik an der Universität Paderborn.

Publikationen (Auswahl):

Smartphones & Co. in der Schule – Lehren und Lernen mit mobilen Endgeräten. In: Schulmagazin 5-10 3 (2014), S. 7-14.

Sexualisierung in Medien als Gegenstand im Pädagogikunterricht.
In: Aigner, Josef Christian, Hug, Theo, Schuegraf, Martina, Tillmann,

Angela (Hrsg.): Medialisierung und Sexualisierung. Vom Umgang mit Körperlichkeit und Verkörperungsprozessen im Zuge der Digitalisierung. Wiesbaden, S. 345-361 (Digitale Kultur und Kommunikation, Band 4).

Hermann Maurer

Studium der Mathematik an den Universitäten Wien und Calgary (Kanada). 1966-1971 Professor an der Universität Calgary. 1971-1977 Professor an der Universität Karlsruhe. Seit 1978 Professor an der Technischen Universität Graz. 1983-1998 Leiter des Forschungsinstituts für Angewandte Informationsverarbeitung der Österreichischen Computergesellschaft. Seit 2000 Mitglied der Academia Europaea.

Publikationen (Auswahl):

Xperten – Frieden oder Zerstörung, Linz 2012.

Teaching and Learning in Higher Education – An Integral Approach, Chesapeake 2012.

From Databases to Hypermedia, Berlin 1998. Computer Assisted Learning, Berlin 1989

Bernd Ralle

1974-1980 Studium der Fächer Biologie und Chemie an den Universitäten Münster und Oldenburg. 1980-1984 Wissenschaftlicher Mitarbeiter an der Universität Oldenburg. 1984-1993 Lehrer und Mitglied der Schulleitung an der Kooperativen Gesamtschule in Rastede. 1993-1997 Professor an der Universität Osnabrück. Seit 1997 Professor für Chemie und ihre Didaktik an der Technischen Universität Dortmund. 2003-2011 Leiter des Zentrums für Lehrerbildung an der Universität Dortmund.

Publikationen (Auswahl):

Empirische Fundierung in den Fachdidaktiken, Münster 2011.

Chemie im Kontext – Von der Innovation zur nachhaltigen Verbreitung eines Unterrichtskonzepts, Münster 2008.

Konsequenzen aus PISA – Perspektive der Fachdidaktiken, Innsbruck 2004.

Gerhard Roth

1963-1969 Studium der Philosophie, Germanistik, Biologie und Musikwissenschaft in Münster und Rom. 1969-1974 Studium des Faches Biologie an den Universitäten Münster, Berkeley (USA) und Pisa. Seit 1976 Professor für Verhaltensphysiologie und Entwicklungsneurobiologie an der Universität Bremen und bis 2008 Direktor am dortigen Institut für Hirnforschung. 1997-2008 Gründungsrektor des Hanse-Wissenschaftskollegs der Länder Niedersachsen und Bremen. 2003-2011 Präsident der Studienstiftung des deutschen Volkes. Mitglied der Berlin-Brandenburgischen Akademie der Wissenschaften.

Publikationen (Auswahl):

Wie das Gehirn die Seele macht, Stuttgart 2014.

Persönlichkeit, Entscheidung und Verhalten, Stuttgart 2013.

Aus Sicht des Gehirns, Berlin 2012.

Bildung braucht Persönlichkeit – Wie Lernen gelingt, Stuttgart 2011.

Fühlen, Denken, Handeln, Berlin 2003. Das Gehirn und seine Wirklichkeit, Berlin 1996

Heike Schaumburg

Studium der Psychologie und der Erziehungswissenschaft an der Universität Osnabrück und der Freien Universität Berlin. Seit 2003 wissenschaftliche Assistentin am Institut für Erziehungswissenschaften der Humboldt-Universität zu Berlin. 2007-2009 Vertretung des Lehrstuhls, seit 2010 Akademische Rätin am Institut für Erziehungswissenschaften der Humboldt-Universität zu Berlin.

Publikationen (Auswahl):

Lernen in Notebook-Klassen. Endbericht zur Evaluation des Projekts ‚1000mal1000: Notebooks im Schulranzen', Bonn 2007. Lernen mit Laptops, Gütersloh 2002.

Jasmin Schwanenberg

Studium der Erziehungswissenschaft (Studienschwerpunkte Organisationspädagogik und Schulentwicklung) an der TU Dortmund. Seit 2009 wissenschaftliche Mitarbeiterin im Projekt „Ganz In- mit Ganztag mehr Zukunft. Das neue Ganztagsgymnasium NRW“ an der TU Dortmund.

Publikationen (Auswahl):

Schwanenberg, J. & Krinecki, J. (2014). Gemeinsam mit Eltern. Elternpartizipation in der Ganztagsschule. Die Grundschulzeitschrift, *28*(274), 20-23.

Heterogenität im Lichte rezenter Schulleistungsstudien. In: Hinz, R. & Walthes, R. (Hrsg.). Verschiedenheit als Diskurs. (S. 75-86).

Rolf Strietholt

Studium der Erziehungswissenschaften, Psychologie, Soziologie und Wirtschaft an der Westfälischen Wilhelms- Universität Münster. Er unterrichtete bereits an den Universitäten von Oslo, Norwegen und Göteburg, Schweden. Seit 2008 ist Rolf Strietholt wissenschaftlicher Mitarbeiter am Institut für Schulentwicklungsforschung der TU Dortmund.

Publikationen (Auswahl):

Schülerfeedback zum Unterricht BLV Magazin, Ausgabe 1, 17-20. (2012).

Panelstudien als Antworten auf Forschungsdesiderate in der Sekundarstufe I. In: N. Berkemeyer, W. Bos, H.-G. Holtappels & McElvany (Hrsg.), Jahrbuch der Schulentwicklung 16. (S. 37-64) München, Weinheim: Juventa. (2010).